80年代
フナバシ
ストーリー

北井一夫
Kitai Kazuo

冬青社

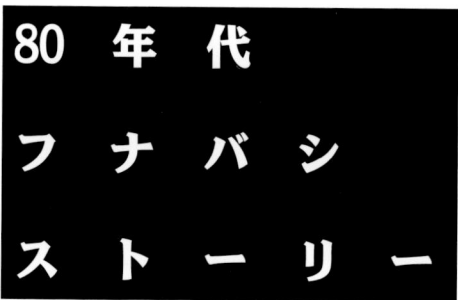

「団地望郷」

今も私はフナバシに住んでいる。はやいもので、この写真集の母体になる「フナバシストーリー」（六興出版刊）を出版してから、もう20年が過ぎた。この写真を撮っていたのは40代だったが、今では私も60歳を越して老写真家ということになった。
撮影していた1980年代の団地は、刑務所のようだとか、一戸建てに入るまでの仮り住まいとしか見られていなくて、良いイメージで話題にのぼることはなかった。写真集を出版した時に、写真を撮らせてくれた人たちに見て欲しくてすぐに訪ねたのだが、3、4年の間にほとんどの家族が一戸建てに引越してそこにはもう住んでいなかった。どこか空しく釈然としない気持がいつまでも断ち切れずにいた。
親たちは、育った田舎が故郷としてあるので、団地は一戸建て購入までの仮り住まいという以外に何も考えていない。しかし、その団地で生まれて育った子供たちは、団地がなつかしい故郷なのだ。不幸なことだが親子でありながら故郷観に断絶が生じてしまう。
私は、この写真を団地という名の故郷とその場の人たちとして、40歳代の5年間、団地と新興住宅地を毎日歩いて撮影した。
それからもう20年が過ぎて、遠くまで出かけて行って写真を撮るのがおっくうになってきた。また古いライカを持って近所のフナバシを散歩するようになった。そこでうれしい発見があった。前は悪口ばかり言われていた団地が、気がついたら、樹木が成長し、緑がいっぱいの私の一番いい散歩コースになっていた。
団地の外の風景は、どこもさまざまに激しく変化しつづけた。にもかかわらず団地の敷地内は、変化することなくそこで生まれて育った子供たちの故郷でありつづけていたのだ。

2006年10月　　北井一夫

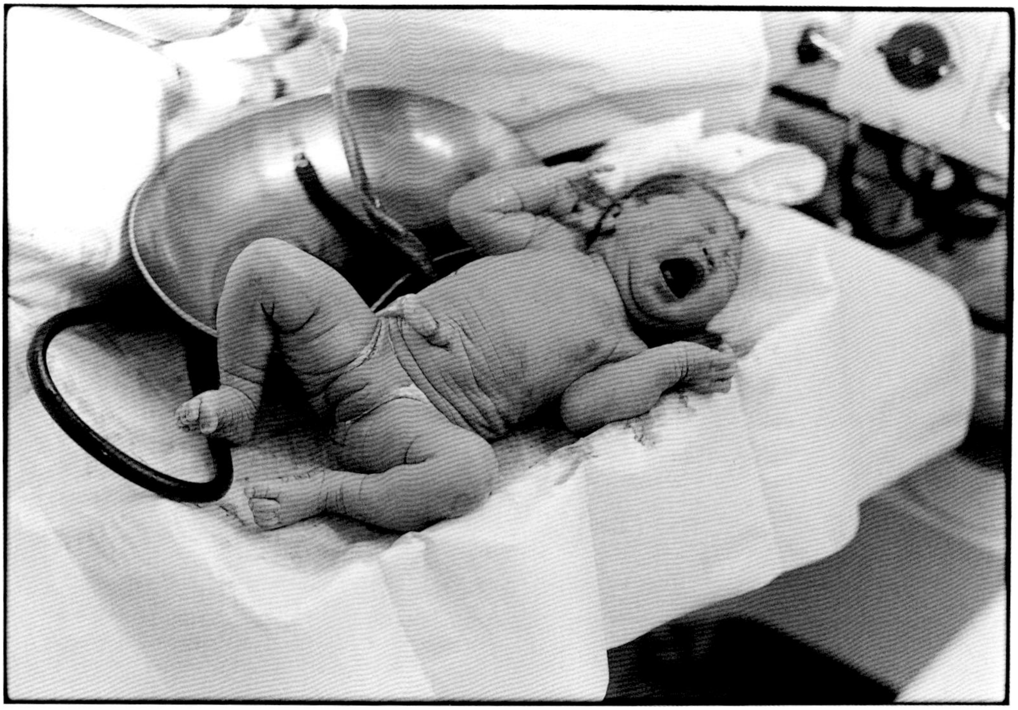

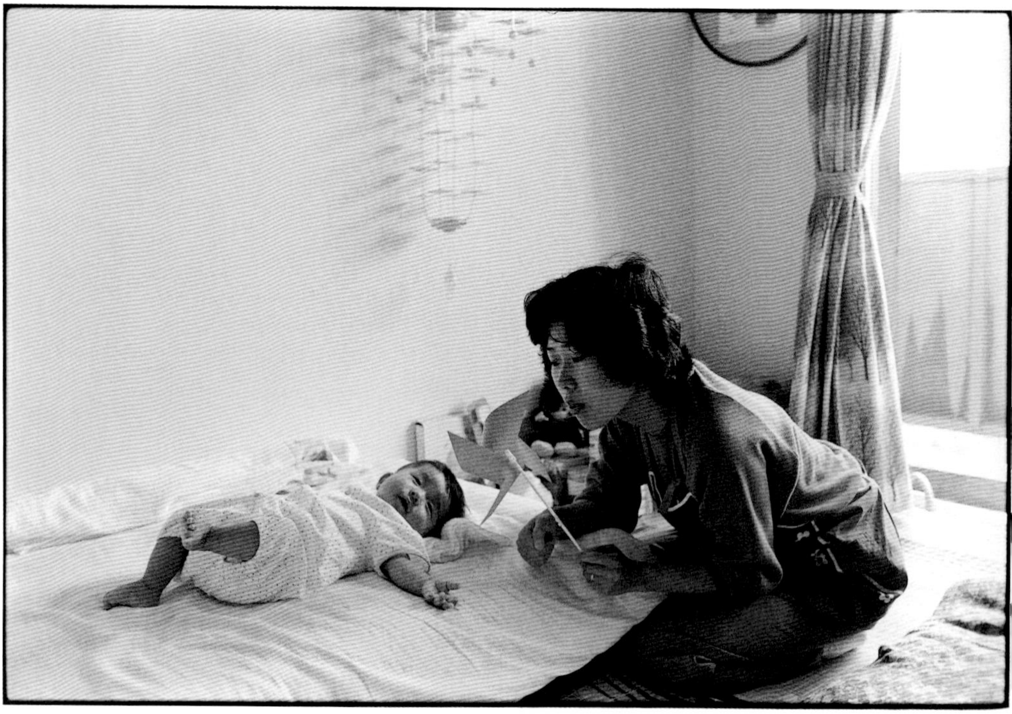

ふなばし
リコー
メガネの金鳳堂
National PanaHome
城西ナショナル住宅㈱
National PanaHome
城西ナショナル住宅㈱

しめきり
日本最大303支店目標!!
ローンズ
ワールド

お知らせ

お願い

lee

TENNIS

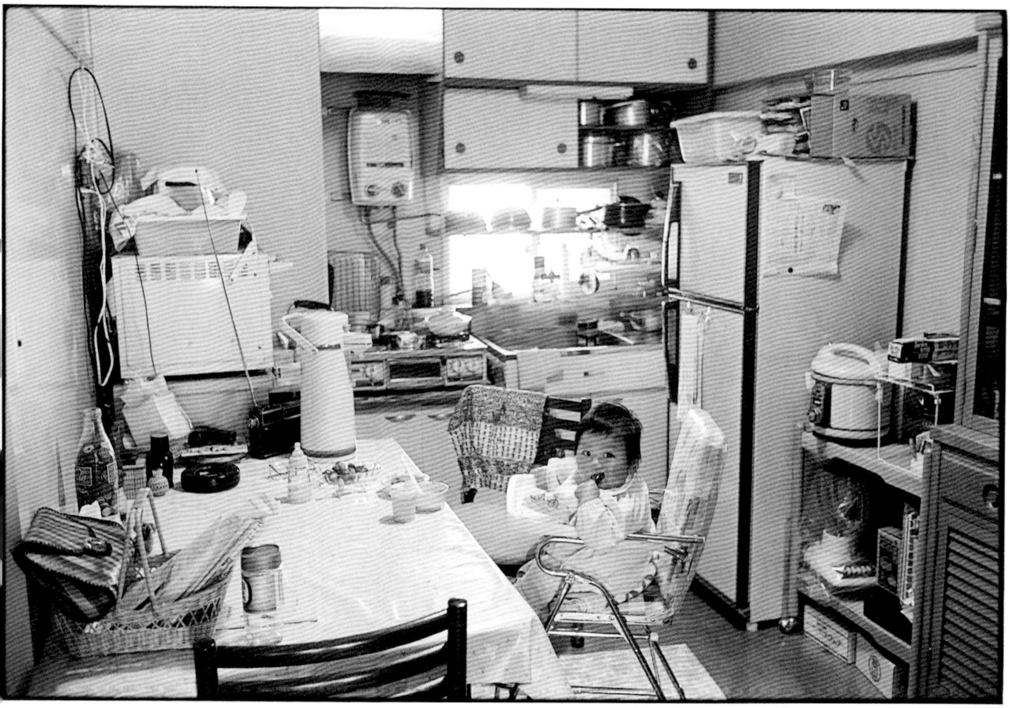

CALIFORNIA

102

Kawasaki

puma

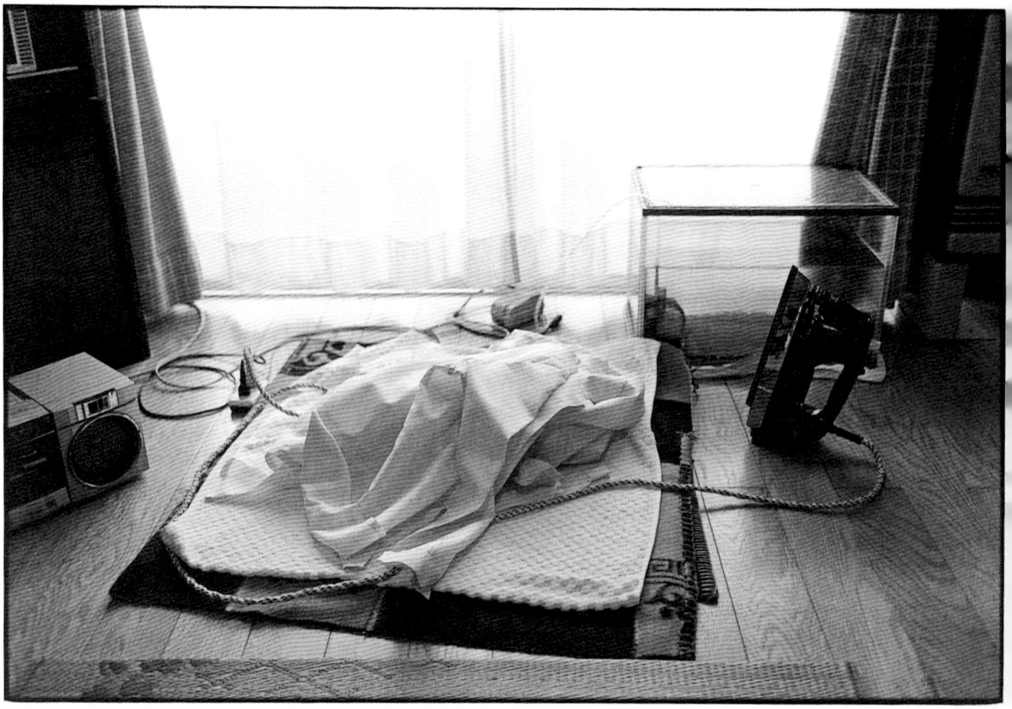

たばこ
おくりものに
たばこ
3.27

住友銀行船橋支店
千葉市原ニュータウン13万人のまち
開発中
KAMEYA
ふなばし
きけん!!線路内立入禁止
スイムスクールふなばし

9
01

前原駅
出口
入口

口再開発事務所
市都市
焼肉

団地の桜

まだ寒い日の朝、家の近くの造成地を歩いていた。道路と宅地がコンクリートの側溝で区切られて、半年前までここが田んぼだったことを思い出せない。区画されただけの木も草もなくなった土地は、見る限り殺風景に土が干からびていた。
「うちの息子が大人になると、団地のああいう夜の木もれ灯を見て、ああ懐かしいなとか思うようになるんだろうな。」
いつだったか、団地住まいの友人が、私と2人で夜のこの道を歩いている時に、そう言った。田んぼのむこうの木々の間から、かすかにしか見えなかった団地が、造成工事が始まってから急に近くに見えるようになった。
この日の朝は、夜を眠られずに外へ出て、この造成地の道をただ歩いていた。
見ると、コンクリートの側溝の中に、カエルが30匹ほどで身を寄せ合っている。溝の窪みにほんの少し溜っている水を求めて集まったのか、冷たい風から逃れてここに入り込んだのか、指で突くと目を開けた気もしたのだが、見直すと目は閉じたままだった。
造成工事に冬眠を破られたのだろう、そのカエルたちを私は長い間見ていたような気がする。
カエルたちの群れは、溝の中を5メーターごとに群れてつづいていた。こうして群れていれば生きていけるのか、それとも、死ぬのをじっとして待っているだけなのかが気になった。
冬の鋭い朝の日射しを感じて、急いで土を手で掴むとそのカエルたちにかけた。気休めでしかなくて、カエルたちがすぐに死ぬことはわかったのだが、それでも造成地の土を何回もかけた。
千葉県船橋市に住むようになってからもう18年になり、その間に、あたりのようすも変わってきた。畑や田んぼが住宅地になり、林がスーパーや駐車場になった。農道に整備された舗装道路が走り、道端に繁っていた夏草が造成地のブタ草になった。歩きながら何気なく見ていた樹木が高層団地やマンションに変わった。
電車から見える東京周辺都市の眺めは、どこも船橋で見るのと同じように見える。船橋市の人口の75パーセントは、新興住宅地に生活する新住民といわれている。東京の周辺都市に家族をおいて生活する新住民は、船橋と同じような風景を見て、暮らしているのだろうと思った。
今までずいぶん長い間、造成地と建築工事中の風景を見つづけてきた。
写真を初めて20年、私は40歳になった。見馴れていた、人の生活とその場の風景も変わった。世の中が変化したということだけではなさそうで、人々の生活や、人が物を見る目も見え方も変質していた。
新しく視界に入り込んできた物たちは、私にとってすぐには馴じみにくくて、目の中に入った異物のようにいつまでたっても棘々しい。今まで20年やってきた私の写真の手法に固執していれば、異物はすぐに逃げ出して、二度と目をむけずに過ぎてしまうのだが、出て行かないで大きく棘々しくなるばかりだった。
20年やってきた写真を打ち切りたくなっていた。
変化していくその時代の中の物々に、写真家としての目が対応できていない、という考えが頭を占めていた。疲れてしまったのか、先が見えなくなって休みたかっただけなのか、それとも、時代の移ろいに、人の暮らしに根づいた写真を見失った自分というだけか。とにかく今の私には、何が見えて、何が気に懸かり、何を見ようとしているのか、よくわからないままに、とりあえず視界に入り込んだ異物を見ることから始めようと思った。

新興住宅地にカメラを持って歩く日が多くなると、道路端に集まって世間話をしている主婦たちの視線が、しだいに怖くなった。昼間からこんな所を歩いている男は、下着泥棒か変質者という目で見られるのだ。立ち止まって写真を撮ろうとすると、どこからか主婦が近づいてきて、
「何か御用ですか。」
とか言われて撮れなくなってしまう。
そんなわけで、写真を撮ろうと思うと何か悪い事でもする時のように、ついコソコソと周辺を見渡して、こっちを見ている人がいないかを注意するようになってしまった。家の中を写真に撮りたいなどとんでもないことで、そうなると自然に人気のない所へと写真を撮りに行くようになっていた。
その頃、私が一番気に入ってよく出掛けた場所に、船橋市の桜の名所の前原団地桜並木道がある。
名所と言っても私が勝手にそう思っているだけで、宴会をする場所があるわけでなければ出店もない。団地と商店街に挟まれただけの桜並木である。ここには何回も足を運んだのだが、気に入った写真を撮れないでいた。生活が建物の外にはみ出して見えてくる団地の感じや、往来する人たちが桜を見上げながら歩き過ぎて行く姿は、すぐ写真になるはずなのに、撮った写真を見ると何かが物足りない。だから、これはただの花見だと思うようにしていた。
「おじさん、なに写真撮ってんの。」
小学校4、5年生の男の子が3人こっちを見ていて、その中の1人が寄ってきた。

「桜の写真撮ってるのか、それだったらボクの部屋からのがよく見えるよ。」
その言葉にひかれて、団地の3階にある少年の部屋に入れてもらった。母親が留守なので気が咎めたが、少年に言われるままにした。
家具などの所帯道具が多くて、何畳間かわからないほどだが、妹がポツンと1人で遊んでいた。
「何して遊んでるの。」
と声をかけると、
「これ匂い玉。」
と言って、小さなガラスビンを見せてくれた。
中にピンクや黄色の小豆ほどの玉が一杯に詰まっていて、開けるといい匂いがした。
「学校行くとき、名札にこれ少し入れておくと、いい匂いがするの。これはメンコ、お兄ちゃんの。」
団地の室内は、外見と違って狭かった。
そういえば、高根台団地の友人の住まいを訪ねた時にも、親子4人で生活するには工夫がいると思った。その友人が転勤で新潟へ引っ越すことになり、荷物運びを手伝いに行った。親子4人の所帯道具は２ＤＫの室内に驚くほどたくさん詰まっているものだった。嫁入道具の洋服ダンス、和ダンス、整理ダンス、食器棚、布団、三面鏡。その他に、食卓と椅子、冷蔵庫、ピアノ、ミシン、勉強机、本棚、テレビ、ステレオ、洗濯機、下駄箱、電子レンジ。あとは、ダンボール箱に入れた食器や衣類や本などで、トラックは満杯になってしまった。
家具を持ち出した室内を見て、
「意外に広いのね。」
手伝いに来ていた奥さんがそう言うと、手伝っていた人たちは皆笑った。所帯道具のなくなった２ＤＫは、意外に広かったのだ。そこに居合わせた誰もが身に覚えのあることのように笑った。
「おじさん、ここから見てみな。」
少年は窓を開けて待っていた。
窓の下に満開の桜が通りに沿ってひろがっている。桜を上から見おろす花見は、これが初めてだった。新京成線前原駅前通りを行き交う会社員や学生、花見に来た老人たち、買い物に出た主婦と走りまわる子供、はち巻をした八百屋のおやじ、それぞれの人たちが思い思いの動作で満開の桜の下に見え隠れした。隣の棟の窓には、夕食の支度をする忙しそうな主婦の姿があった。少年が言ったとおりの眺めだった。

ファインダーを覗きながら、この少年が大人になって思い出す故郷の映像は、窓から見えるこの眺めかも知れないと思った。

昭和30年代入居開始の団地で、その頃に生まれて育った子供たちはすでに成人している。
「団地に育った子は、故郷がない。」
と、よく言われる。
しかし、その子供たちは、団地に幼児体験の記憶を持っている。そして、故郷を語る歳になった。
砂場、鉄棒、ジャングルジム、ブランコ、すべり台のある団地の公園。集まって、チ・ヨ・コ・レ・エ・トとかの遊びをした階段、手摺、踊り場、戸口。水遊びをした1階の水道の蛇口。並木のむこうに見え隠れする団地の夜景。高く聳えていた給水塔。古びたエレベーター。高層からの眺め。団地にあるそれぞれの眺めは、団地に育った子供たちの故郷のイメージになる。

「上の娘の時は、生まれた時からいっぱい写真撮ったんですけど、下の娘の頃になるともう忙しくなってきましてね、主人も私も。それで、下の娘の方は写真があんまりないんですよ。」
前原団地の鈴木さん夫婦は、娘2人が成長していく写真をアルバムにしてあった。写真に写っている娘たちの後ろに、入居当時の団地が見えた。
「だから下の娘が、私の写真あんまりなくてお姉ちゃんのばっかりでずるい、とか小さい頃よく言ってたんですよ。」
1960年入居開始の前原団地は、船橋市で一番古い団地になる。その当時から生活している鈴木さん家族のお宅を訪ねて、奥さんに話を聞かせてもらった。春の風が強い日で、話を聞く間ずっと木製の窓枠がガタガタと音をたてていた。

はじめて主人とここ見に来た時の津田沼駅は、すごく小さな駅でね、駅前はガランとしてて何もなかったんですよ。こんな所に団地が建ってるなんて思えない所だったんです。駅からバスに乗って来て、そこの成田街道をこっちへ入ろうってバスが曲がったら、この団地がね、聳えてるって感じで、白い建物が見えてきたんです。
あたり一面が畑で、農家がポツンポツンてあるくらいで、道の両側に少し商店街みたいなのがあったんですけど、店らしい店も駅前にはなくて。団地の敷地もその前は畑だったんですって。

成田街道曲がったところは、松の木がいっぱいあったんですよ。それで、木の間から白い建物がニョキニョキッと出ててね。ああ、知的だなあ、なんて思った覚えがあるんです。
芝生がすごくきれいだったんですよ。
入居してすぐの頃は、新京成は単線だったんですよ。2輌連結で、ドアを手で開けないと開かないんですよ。黙って待ってると電車出て行っちゃうんですね。
総武線も津田沼駅は、木造の小さな駅で、電車もチョコレート色でカツギ屋さんみたいな農家のおばさんたちがいろんな物をカゴに背負って、電車によく乗ってましたね。それで、両国あたりで降りて行商して、電車の中でお弁当ひろげたりして。
そんなことよくありましたよね、今はほとんど見なくなりましたけど。
ここの団地にもよく売りに来ましたよ、お野菜とか植木とか。今でも来てますけど、今は自転車でね。
高層マンション建っているそこの下は、以前田んぼでね、カエルが鳴いて、白鷺が飛んでて、すごく良かったんですけどね。
このあたり畑だけで何もなかったんです。
行田の無線塔がありますよね、あれけっこう遠いですけど2階のこの窓から一直線に見えてたんです、周囲にも何もなかったから。で、総武線が通るのも見えてたんです。総武線に乗ってて、家のベランダに洗濯物干してあるのが見えたんです。
それでね、その頃まだ電話があまりない時でしたから、家にも電話なくてね、親戚の人が家に来る時に、
「ベランダに洗濯物かお布団干してあれば居るからね。」
とか、話したことあるんですよね。
富士山も見えてましたし。
上の娘が5ヵ月の時、ここへ越して来たんですよ。私が今で51歳になるから、25歳の時ですね。主人とは5つ違いだから、主人は30でした。
その頃は、団地というと皆憬れてまして。
むこうの箱形の棟が２ＤＫで、こっちの星形みたいなのが３Ｋなんですけどね、型によって家賃が違うんです。それで、収入の基準がやっぱり違うんです。商店街の所に１ＤＫの小世帯っていうのもあるんですけど、それは少ししかないんです。
以前入ってた本八幡のアパートは、民間のアパートだったんですけど、10月末で出てここへ越して来たんですよ。
主人の勤めが浅草橋だったんです。それで、総武線の沿線で探してたんですけど

ね。東京の方も都営住宅で何回かやってみたんですけど、なかなか当たらなくて、それで公団申し込んだら運良く1回で当たったんです。なかなか当たらないって言われてたんですけど、初めて申し込んでそれで当たって。

２ＤＫの方が戸数は多いんですけど、競争率も高いって、どこかで主人が聞いてきて。それで、３Ｋの方は家賃が高いので、まだ比較的競争率が低かったんですね。

昭和35年の入居当時の家賃は、たしか6900円とかでしたね。今はその3倍になってますけど。でも、その頃は所得も低いですから、けっこう大変でしたけどね、まだ若くて。

その頃、主人のもらってた給料は35000円くらいじゃなかったかしら。入居するには給料が家賃の3倍ないといけないっていうことでしたよ。

60年安保闘争とか、私にはよくわかりませんでしたけど、騒がしい時代で。

でも、民間のアパートと比べたらものすごく広くて、便利に出来てて。民間のアパートだと各部屋にお風呂もトイレもないのに、ここだとトイレは水洗で、お風呂もあるし。それと、子供生まれて狭くなったっていうのもあるんですよね。

結婚して3年目ぐらいの頃ですね。

どこもうちと同じで、小さい子供のいる家庭ばっかりでね。天気のいい日は、団地のベランダ全部っていっていいくらいにオシメ干してて、それで、ある程度子供が大きくなるとみんなここ出て行って。今また、入れ替って入ってきた人たちが小さな子のいる家庭で、何年おきかでくり返すんですね。この棟に昔からいる人は五所帯くらいですけど、皆お年寄りになって、子供さんたちも出ちゃって。

前原団地全体では、初めから入居した人たち3分の1くらい残っていらっしゃるみたいですけど、子供さんは、皆、団地出てるみたいですね。

うちはまだ、娘2人とも独身なんで一緒に暮らしてますけど。

あの、うちの子供たち、千葉から出たことないというか、小学校から大学まで全部千葉県で、お勤めも千葉県なんですよ。それに、上の娘と下の娘、幼稚園だけが別で、あと小学校から大学までずっと同じ学校なんですよ。

それと、うちの子たちは、団地以外の世界を知らないんですよね。ずっと、ここにいるから。

少し大きくなった時に、

「普通の家に住みたいな。」

とか、

「2階がある家に住みたいな。」

とか、言ってましたけど。

それと、犬や猫が飼えないから、
「犬や猫が飼える家がいいな。」
とかね、よく言われてましたけども、庭がある家っていうのは言われませんでしたね。階段降りてけば、自分の庭みたいな場所いっぱいあるからですかね。
もう、今になったら仕事も忙しいし、でも、上の娘は、普通の家の方がいいって、今でも時々言いますよね。それで、下の娘なんかは、団地は便利だからこういうところの方がいいって、やっぱり考え方がそれぞれに違うみたいで。
最初の頃は、風がすごかったんです。周囲に木とかなくて、畑ばっかりで。子供が寝てるでしょう、そうすると、布団敷いたところだけ残して、その周囲まっ茶色になってたんです。拭いても拭いても、1日に何回も拭いて、でもまたすぐに砂埃積もって。砂埃だけはすごかったですね。今は家がいっぱい建って、木も植えてもらったし、あまり気にならなくなりましたけど。
だけど、子供育てるにはいい所だったみたい。遊んだりするとこは近くて危なくないですしね。この前の道路も、先行くと農道になってて、大きな車は通らなかったんですよ。今はもう、朝晩すごいですけどね、車が。
団地は、同じ階段の付き合いっていうのが、近所付き合いなんですね。これ階段付き合いっていうのかしら。
前原団地に住んで、もう30年近くですけど、近所とも仲良くやってこれて、階段によってはいろいろ気が合わないとかあるみたいですけど、ここはそういうことほとんどなかったですね。そういう点、恵まれたというか、厭な思いしたということはほとんどないですね。だから、長く居られたのかも知れない、厭だったらやっぱり出て行ってたんじゃないかなあって思うんですよ。
あの、主人と私は、もともと名古屋と豊橋なんです。主人の仕事の関係で、転勤してこちらに来ることになって、そのまんまずうっと転勤がなくて居ついちゃったというか。だから、兄弟はみんなむこうに居るんですよ。
今、私たちこの先ずうっとここに居てもいいなって思ってるんです。
1階のベランダの下に、よく花壇みたいのあるでしょう。あれは、1階の家の人がそういうこと好きだとやるんですよ。
で、上の人が好きで1階の人がやらないと、
「いいですか。」
なんて言って、やっぱり目の前でやるから一応ことわって植えたりしてますけどね。1階の人の場所とも限らないんですね。野菜とかね、あまり良くないって言われたんですよ。お花だったらきれいだし、皆さん植えてますよね。
やっぱり、だんだん年取ってくると、そういうのやりたくてね。

夫の役割

敗戦から10年後の1955年7月に発足した日本住宅公団は、敗戦後の国土復興開発と産業復興政策として、首都、中部、近畿の3大都市圏域に住宅を集中させ、労働力を補給させることが目的だった。
昭和30年代の団地の生活は、若い人たち、特にこれから所帯を持つ新婚夫婦にとって憬れの住まいだった。1戸ごとが隔離され、他人に干渉されることのない白いコンクリート住宅は、モダンな西欧的個人主義を満足させる新しい家族の暮らしの場として映ったのだろう。
反面、30年代の賃貸団地は、すべてが３Ｋ以内で、２ＤＫ、２Ｋが中心になっている。２ＤＫは、和室が6畳と4畳半、6畳分の板敷きのダイニングキッチン、風呂、トイレ。畳1枚の大きさは、長さ168.5センチ、幅75.5センチのいわゆる団地サイズなのである。当時、入居した夫婦には、赤ちゃんが生まれるので団地に入ったという理由が多いのだが、赤ちゃんが育っていくと、家族が暮らすのに工夫が要るのだった。
今、団地に生活している人たちのほとんどは、団地を仮の住まいと思っているらしい。その一番大きな理由が、団地は狭いということなのだ。

船橋市がいかに人口急増都市かがよくわかるように、団地の入居開始時期と戸数を表にしてみた。
昭和63年10月1日の船橋市の人口は、527、367人で、その後も増加しつづけている。

入居開始	昭和35年9月	前原団地	戸数1,428
	36年7月	高根台団地	4,870
	41年1月	南海神団地	120
	42年3月	習志野台団地	2,891
	43年3月	夏見台団地	690
	44年8月	若松団地	1,916
	46年8月	金杉台団地	1,547
	47年5月	緑台グリーンハイツ	2,222
	51年3月	行田団地	1,737
	52年3月	芝山団地	2,247
	54年3月	千葉ニュータウン	1,863

千葉ニュータウンは、計画当初の規模を半分に縮小して、昭和59年11月19日に計画断念を決定している。それと、千葉ニュータウンは船橋市以外の地域にもひろがっているので、この表では船橋市内だけの戸数にした。

農村や漁村で私が見てきた家族は、長男が一家の柱になった家族構成だった。今、船橋という、労働力を東京に提供している近郊都市は、村に定着することの出来なかった2男なり3男なりが、一家の柱となって朝早くから夜遅くまで働いている、そういう村なのだと思う。
一家の柱になっている御主人たちは、外では企業戦士と言われて、家では寝に帰る時以外に、ほとんど姿が見えないのである。
新興住宅地とその家族の写真を撮っているうちに気づいたことなのだが、家庭の中に入った御主人は、急に居場所がないといった表情になる。
見ていると、奥さんや子供ばかりが強く見えて、家族としてのリアリティがあるのに、御主人には、どう見ても存在感がないのである。
戦士には休息の場がないように見えた。
千葉ニュータウンの伊藤文隆さんの家族は、小学生になる兄妹と奥さんの4人暮らしで、分譲棟の4階３ＤＫに生活している。東京の時計会社に勤務して25年になる御主人は、ガッチリとした体格で、家族にとって頼りになるお父さんという感じがした。

朝は、だいたい7時前に起きて、会社は9時始まりですから、出掛けるのが7時半ちょっと過ぎですね。それで、北総開発鉄道の小室発7時41分のに乗るんですよ。それで行くと、北初富駅で新京成線に乗り替えて、松戸に8時14分に着くんですよ。それから8時17分の常磐線に、昔はアカ電とか言ってたけど、今はシロ電と言うんですかね、土浦とか遠くから来る電車があるんですね、それに乗るんです。それで上野か日暮里まで行くんです。
会社は御徒町なんですけど、日暮里で乗り替えるか、上野で降りてテケテケ歩いて会社行くんですよ。
どっちにしても、5分と違わないんですね。
毎日こんな具合で、同じ電車に乗って、遅刻もたまにあったりなかったりってとこかな。
ここの北総開発は、そんなにムチャクチャ混むっていうことはないですね。ちょっと早く行けば座れるくらいでね。

朝は、最近ちょっと電車の本数増えて、1時間に4本ぐらいですか。いつも乗る電車の前が、7時28分と19分、あと6時59分かな。その後は8時01分で、やっぱりちょっと増えたですね。
小室駅を7時41分に乗るでしょう、それで、電車に乗ってるのちょうど1時間です、駅から最後の駅までが。それで、歩くのが10分と10分の20分で、通勤時間は1時間20分ということですね。
問題は帰りなんですよね。
最近は、まあここの線も改善されて、7時、8時台の電車は増えたんですよね。でも、9時30分から次が10時08分なんですよ。で、その後は10時30分で、10時54分松戸発で、これみんな北初富乗り替えになるんですね。その後が、11時31分でこれが終電なんですよね。
だから帰りは、真面目に7時、8時台の電車に乗れば、そんなに待ち時間なくてすんなり帰れるんですけど。8時台のに乗れないと、もう、8時50分から次は9時30分でしょう。だから8時50分に松戸駅で乗れないと、もう20分も30分も駅で待たされるわけですよ。
出張で出た時なんかね、11時までに東京駅に着いたって、家まで帰れないんですよね。
会社の帰りは、その時にやってる仕事によりけりで、ここんとこ、また少し遅くなってますね。
夜中になって、タクシーで帰ることもあるけど、深夜の高速道路は船橋とかこっちの方に客乗せて走るタクシーでいっぱいですよ。
皆、夜遅くまで働いてね。
ここの線は、終電で帰る人そんなに多くないけど、常磐線や総武線だと、朝のラッシュなみでね。7時半くらいまでは、真面目に帰る人たちで混むけども、10時頃のが1番混むような気がしますね。
千葉ニュータウンに来て7年くらいですか。
会社は、39年入社だから25年目ですね、今年で。25年ていっても、会社やめたいなってことも何回かありましたね。仕事、仕事で25年も朝早くから夜遅くまで働いてばかりいると、家での居場所がなくなってくるね。家に居ても自分で似合わないんですよ。会社が生活の場で、家は仮の住まいってところかな。
子供が小学校に入ったりすると、奥さんたちもみんな働きに出て、お金稼ぐみたいですよ。それで、1戸建てに越そうとするんですね。
やっぱり、団地は仮の住まいなんですよ。

子供が少し大きくなれば、３ＤＫとかいったって狭くなりますからね。もう少し広ければ、何とかなるのかも知れないけれど。若夫婦に赤ちゃんてな頃はまだいいんですけどね。

毎朝、毎朝のことで、ラッシュはもう慣れてますからね。ひとつの方向に水が流れて、その水の中に石ころが転がってるってなもんでね。流れるうちに、だんだん石ころが適当な場所に落ち着くでしょう、あれと同じですよ。
それでも、常磐線はけっこう混むから、電車にぶつかったら死ぬかなって思うけど、待ってる列の1番前に並んでから電車に乗ってるんですよ。
ラッシュの電車ん中で、ウォークマンでロックなんか聞いてんのよくいますね、中年でも。こっちまでキンキン響いてきて。私たちにとって電車の中は書斎だからね、本読んでるか、だいたい、スポーツ新聞か日経新聞。電車ん中はそれで決まりだね、もう。
駅で電車待ってるとあれ習性なのかな、乗る人は、どの電車の何輌目とかどこのドアとかって、同じとこに乗るんですね。いつも、だいたい同じ顔ぶれなんだよね、見てると。知り合いじゃないんだけど、知った顔ばかりなんですね。だいたい、決まったところに乗るもんなんですね。
最近はかなり早くから、5月中頃かなＪＲは冷房入れてるけど、昔は暑くなっても6月過ぎないとなかなか冷房入れなくてね。それで、暑くても窓開けない人いるんですよ。あれ見てると面白いもんで、そういう時に開けに行く人の方が、積極性があるというか仕事できそうな顔してんだね。元気のいいのは暑けりゃ窓開けるよね、やっぱり。
夏の暑いのにサラリーマンは、皆、背広着てるでしょう。あれね、やっぱり着てると電車の中なんか暑いんですよ。だからって、脱いで手に持ってると、押された時にどっか行っちゃうんですよ。上衣の首だけ掴んでても、電車降りる時に下の方はどこか行っちゃうんだから。
だから、暑くても背広脱げないんですよ。ホームで待ってる間に、上衣脱ぎたいなあって思ったりするんですけどね。
満員の車内では、顔と顔が向かい合わないように、あっち向きこっち向きして、石ころが揺さぶられてキチンと並ぶみたいになってるんだよね。
たまに、ラッシュに乗り慣れてない人が入ると、そういうことがギクシャク、ギクシャクなるんですよ。
例えば、どこの駅はどっち側のドアが開いてどこの駅で何人くらい降りるっていうの、みんなわかってるわけですよ。御徒町なんかは、階段がちょうどここで、御徒町で降りる人は皆ここに乗るでしょう。それでドーッと降りると、そこだけかなり空くわけ。ところが、そこで皆が降りるってこと知らないで、1人だけ抵抗して降りないもんだから、もうグチャグチャんなって、ドーンとか突き飛ばされたりして。結局、そうなっちゃうんですよ。その辺乗ってるのは、そういうことみんな知って乗ってるわけでね。あ、ここで皆降りるなってことでさ。
だから、ドアの奥に居たってそれは心配ないわけですよ。それを知らないで変なとこに乗るもんだから、駅に着くずいぶん前から、降りますとか言ってみたって、降りるに降りられなかったりするわけ。
毎日のことだから、生活の知恵みたいに乗る場所決まってて。で、たまに違うところに乗ってると、あ、これはヤバイッて、ドアに後ろ向いてるとドンと突き飛ばされるから、ちゃんと駅に着く前に身体の向き変えて準備しておいて、ドア開いたらすぐに降りて、降りる人たち降ろしといて、とかいうように自然に知恵がついてくるわけね。
朝早めに出て、会社の近所で喫茶店入って、モーニングサービスを朝飯にして新聞読んでね。そういう人もけっこういますね。だから、会社の近くの喫茶店は朝早くから開けてますよ。
いくら仕事忙しくても、転勤になっても、本人は、
「俺がやらなきゃ誰がやる。」
とかって気でやってんだもん。
生きがいなんですよ、結局。生きがいにしてるんですよ。土、日だけが生きがいって言ってたって、どうしようもないですよ、残りの日が。
…………。…………。
身体が慣らされてるっていうのか、休みの朝は目が醒めなくても、普通の日は、夜遅く帰ってどんなに疲れてても目が醒めるんですね。

石川さん一家の子育て

カメラを持って歩くようになってから気がついたのだが、船橋は起伏の多い地形である。だから、船橋の団地のほとんどは、棟ごとにデコボコしていて、ひどい所は2階分くらいの高低差がある。この起伏が、団地の子供たちには良い遊び場になっていて、ダンボールの空箱の中に入って斜面を、ゴロゴロところげて遊んでいる子供たちをよく見かけた。
団地の家族を、室内で初めて撮らせてもらったのは、国鉄団地の石川さん一家だった。ここの正式名称は、別にちゃんとあるのだろうが、近所の人たちは国鉄団地と呼んでいて、ＪＲの職員アパートになっている。
石川さんの御主人は、電車の運転士さんで、奥さんと男の子2人の4人家族。お兄ちゃんは大知君で、初めておじゃました時には2ヵ月の赤ちゃんだった。
団地の写真もそろそろ終わりに近づいた頃、弟の真士君が誕生した。
石川さんの奥さんに、子育ての話など聞こうと思って、雨の多い梅雨時だったのだが家を訪ねると、部屋の襖を開け放って鴨居にロープが掛けてある。聞いてみると、
「身体もてあましちゃうでしょう。吊り輪をやらしてんですよ。ブランコの家もあるんですよ。」
大知君がぶら下がって見せてくれた。団地の楽しい工夫である。
兄弟が出来るとやっぱりいいですね。下の子面倒見てくれたり、一緒に遊んだり。このごろは、洗濯物干したりしてると、2人で仲良く遊んだりしてますからね。
団地だと、こういう連らなってるところって、ベランダから隣の家に行けるし、隣からも来てくれるし。みんなにずいぶん助けてもらうんですよ。去年、私が具合悪くなった時なんか、上の子の面倒見てもらったりして、何回も助けてもらいました。
つい最近、大ちゃんはやっとこ1人で、外に遊びに行けるようになったんです。1人で階段降りて遊びに行くようになりました。それが面白いんですよ、初めて1人で公園に遊びに行った時、迷子になっちゃって。
私が、
「行く。」って、聞いたら、
「行く。」って、言うんですよ。
私は、

「オトーフ買いに行く。」って、言ったんだけど。
何を聞きまちがえたのか、公園行ってたみたいで。私はお豆腐屋さん追っかけて先行ってたんですよ。それで、公園に行って私がいないから、ぐるぐる廻って泣いてたんですよ、家に帰って来れないで。
下までよその人に連れてきてもらって、
「この辺の子よね、この子。」とか言われてたんですよ。
ここは覚えやすいんですよ、給水塔があるから。でも、子供の頃は背が低いから大人みたいに、そういう目印が見えないんですね。
よくこの辺も、
「お家がわかんないのおっ。」って迷子が泣いてんです。
だいたい、公園とか連れて行くと、お母さんが探してるからすぐにわかるんですけどね。
それからしばらく、1人で遊びに行くの嫌だって言って、
「誰か一緒に行かないと、行かない。」って言ってたんですよ。
買い物の時とか、自転車の前と後ろに2人乗せて行くんですよ。そうすると、エスカレーターに1人で乗ってどこかに行っちゃったり。買い物している間、後ろについていると思ってちょっと目離すと、もういなくなっちゃったり。
あせって捜してると、
「お母さん、ここ。」
とか、向こうの方から手振ってね。ここ1週間で2回もやってんです。
田舎に行くと、けっこう家から離れて1人で遊んで、オシッコもしなければ昼寝もしなければ、御飯も食べないで遊んでるんですよ。
いまは、一つの物を皆で仲良く分けることを教えてんですよ。真っちゃん居ない時はね、1人じめだったけど。私が1人っ子だったんで、ぜんぜん競争がなかったから、その調子でやったら良くないと思って。
買い物の時も、他の物欲しがるでしょう。あれもやめさせようと思ってきたんですけど、ただ、だめなのがアイスクリームです。行っても、私アイスクリーム買わないのね。
そうすると、
「おばあちゃんと行くと、おばあちゃん買ってくれるよ。お母さん買ってくれない。」って、言ってね。
3つまでは、言ってもわかんないから叩いて教えるんです。叩いてもわかんないと、外に出しちゃうんです、押し入れ入れたりね。3つ過ぎれば、話し合おうか

なと思うんだけど、それまでは話してもわかんないから。
だから、私が怒り出すと、「お母さんこわいよ、こわいよ。」って、でもお父さんもっと怖いですよ。
もう、私だと莫迦にしてるから。私がだめな時はむこうに廻して、そうするともっと怖いですよ。
梅雨に入ってからなんですけどね、大ちゃんが寝て、今日は泣かないで済んだなあって思ってると、それが2時間くらいすると泣き出して止まらないんですよ。真っちゃんは何ともないんだけど、1週間ぐらい続いて困っちゃって、どうしたらいいかなって。で、車の中に入れたんです。車の中だと、外だし、泣いてもうるさくないし。
夜中に泣いてると、隣とか上とか下とか響くでしょう。あと、棟の向かいとかってのも案外響くんですよ。ちょうど、隣やなんかも皆寝つく時間でしょう。とにかく毎日だから、こっちも寝不足だし。泣き出すと主人もうるさいでしょう、仕事で朝早かったりすると。
1週間も、それ続けられるともう本当に頭にきちゃって。
何で泣くのかわかんないから、電気全部つけて起こして、
「何で泣いてんの。」って、聞いても何も言わないで泣いてるだけなの。
ただ、声はりあげるだけで。しょうがなくて、車の窓空気入るように少し開けといて、中に入れてたんです。それで、車の中に入れてやっと泣きやんだんです。
そうして、部屋に連れてっておとなしく寝たんですよ。
そしたら今度は、朝起きてから晩まで、泣きっぱなしなんです。あの時は困りました。
廻りの人が言うには、下の子が出来たから、今まで我慢してたことが出たんじゃないかとか、反抗期じゃないかとかって。少し泣かしといたらどうかって言ってくれたんだけど、あの車の中に入れたのが良かったんだと思いますね。あれから泣きやんだんですね。
下の子が生まれたら、上の子ももう一度赤ちゃんに戻るみたいで。下の子がオッパイだけの時は、まだ1人で御飯食べられてたのが、離乳食が始まったり御飯に進むと、上のもまた食べられなくなっちゃうんですね。また、親に食べさせてもらわないと、おかしいんですよ。
今日お漏らししたんです、大ちゃん。天気の悪い日に限ってやるんですよ。
朝起きて自分で冷たいもんだから、全部脱いでお風呂場に行って、洗濯機に服入れて、お風呂で身体洗ってね、タオル持って帰ってくるんですよ。

どおするのかなって見てたら、
「ビチャビチャだから洗ってきたの。」って。
このごろよく雨降るでしょう。そこの窓に2人座り込んで、吠えるっていうか、雨の日は窓からよく発散してるのね。
外に向かって、下歩いてる人に、
「おーい、おーい。」とかってね。
だいたい、上の階の子は、雨の日なんか皆やってるんですよ。初めは、おーい、おーい、とか上から聞こえるの何かわからなかったんですよ。2階ぐらいだとあんまりやってないけど、3階以上の子っていうと、皆それやるみたいですね。おーい、おーいって、買い物の時なんか聞こえてきます。

私は、朝が苦手なんですよ。だから、子供学校行き出したらどうしようと思って。
前の棟で、朝、3階の子から4階の子が呼ばれてるんですよ。4階の子朝寝坊なんでしょうね。
そうすると4階の子が、
「もう学校行くのお。」とか言ってて。
そうすると下の子が、
「まだだよお。」とかね。
それ毎朝見えるんですよ。いつも3階の子に呼ばれてて、うちもああなったらどうしようかなあと思うと、今から幼稚園とか学校のこと考えるともう心配で。

小学生兄妹の話

呼鈴を押すと、宏美ちゃんがドアを開けてくれた。見ると、手に長い棒を持っている。

「これねえ、今日作ったの。お兄ちゃんが悪いことしたらこれでバチンって叩くの。」

棒の先には、ビニールのピンポンラケットが括りつけてあって、これでバチンとやるのだそうだ。いま叩いてみたばかりの空気が、玄関内に漂っていた。

叩かれたお兄さんは渡辺正行君で、昭和50年5月30日生まれ。妹の宏美ちゃんは、昭和53年12月25日生まれで、2人とも団地生まれの団地育ちである。

お母さんが夕飯の支度をしている間に、2人の話を聞いた。

何から聞こうか考えていると、

「おじさん、ここに来る途中で、ゴキブリホイホイの大きい家見た。」

宏美ちゃんに言われて思い起こすと、ここに来る途中にレンガ造りの大きな家があった。大きくて立派な家なのだが、よく似ていた。子供の想像力の自由さに笑ってしまった。

2人は、集めている物や絵を次々に見せてくれて、寝ころがったり、つねったりしながら話をしてくれた。

聞き終わって、

「どうもありがとう。終わり。」

と、テープレコーダーを切ると、

「ヤッターッ。」

と、叫んで、2人で大笑いしていた。

外で遊んでいる方が楽しいのだろう。2人には、喋りたいことを喋ってもらって、それを聞いていたのだが、聞いていたというよりもいろいろなことを教えてもらったという方が正しいように思った。

宏美ちゃん、いま何年生。

「1年生。お兄ちゃんは4年生。」

学校面白い。

「うん、あたし市場小学校の最初の1年生。学校できたばっかりなの。」

学校で、どんなことして遊んでるの。

「お外で遊ぶ。鉄棒したり、ブランコで遊んでる。」
「ボク、回転塔。」
「3年生までは回転塔使っちゃいけないの、危ないから。」
「ボク、市場小学校の前は峰台小学校だったんだよ。市場は半分以上この団地の子。学校ねえ、夜、泳げるようにプールに電気付いてるの、シャワーの所に。夜、泳げないのに付いてるの。体育館で着替えないのに、着替える所が付いてたりね。」
「体育館、着替える所ってないじゃない。」
「あるもん、トイレの隣にあるもん。体育館、格好悪いよね、外から見るとコンクリート汚いの。」
「最初から汚いの。」
「中はきれいだけどね。」
「あのね、カズちゃんが給食のおかずのお魚、まずいからってねえ、みんなで輪になって、その中で食べたのゲボしてねえ、袋の中に出してねえ、道具箱に入れといたの。そしたらねえ、みんなが臭い臭いって、道具箱ん中入れてあるから。そしてねえ、ヤマモト君とかに見つけられて、ゴミ箱に捨てたの。給食残したっていいんだけど。カズちゃんはお友だちなの、前、6棟にいたけど引っ越したの。」
学校から帰って、お母さんがいなかったらどうするの。
「あのねえ、学校から帰ってきてね、宿題やってねえ、宿題と連絡帳見直してもらってねえ。」
「お母さんいないのに。」
「遊びに行くからいいの。」
「どおやって見直してもらうの、お母さんいないのに。」
「それでねえ、連絡帳にハンコ捺してもらってねえ。」
「お母さんいないのに、何で捺してもらえるの。」
「キャハ、ハ、ハ、ハ。」
「本当のこと言ってるのに。」
「そしてねえ、時間割そろえてね。それでねえ、何か描いてねえ。そして、おうちで友だちと遊ぶの、カギ締めて。」
「あのさあ、置き手紙書いたの、宏美が『正行へ』っていうの。『お母さんは、テニスへ行ってます』と何だっけなあ。忘れちゃったけど、えらそうに書いてあった。『正行へ』とか。」
「あたし考えたの。で、ふざけて、お母さん書いたみたいにして書いたの。『お兄ちゃんへ』じゃおかしいと思って。」

「あっ、そうだ。『しゅうじのはんしだい10円もってしゅうじに行きなさい』だ。えらそうに書いてんだもん。」
「あたし遊びに行くから、お母さんのかわりに書いといたの。フ、フ、フ、フ。」
「ええとねえ、何か、ららぽーとでえ、オモチャとか盗んでねえ。そして、警察につかまってねえ。何か知らないけど、おばさんがねえ、『許して下さい』って言って、許してもらったの、これ先生が話してくれたの。そん時、その子がちゃんと椅子に座ろうとしたらねえ、男の人が椅子どけてバアンってなってね。その子、頭のとこがクシャンてなったの。」
「あのね、1年生の時ねえ、クモンで中学の勉強まで進んだ人いたんだよ。オサダカツヤっていうの。」
学校から帰ってきたら、何して遊んでるの。
「いろんなことして遊ぶ。公園で遊んだり、友だちん家行ったり。宏美、前、色水作ってたね。でも臭いよ。」
「作ったけど腐って捨てた。オシロイ花が6棟の芝生の所にあるの。紫色してた。えええとねえ、匂いのする玉集めてるの。買ったりもらったりするの。」
「へ、へ、へ、前はね、匂い玉トイレから取ってたんだよ。トイレットペーパーの芯のとこに入っててね、それ取ってくるの。」
「トイレから取ったの友だちが取り替えてくれたの、違うのと。前、お兄ちゃんがやってたからやったの。」
「お母さんがレモンのトイレットペーパー入れた時、見つけて取ったんだよ。」
「名札の裏に入れとくの。いい匂いがする。あのねえ、この名札の10円玉ねえ、何かあった時これで家に電話するの。」
「匂い玉、4年生でも持ってくるよ。女じゃなくて男でも。きれいな石もあるよ。かたち変だけど、色がきれいで透きとおってるの。宏美、持ってきてみな。」
「これきれいでしょう。こっちはビーズっていうの。きれいな玉はあんまり集めている人いない。これ貝。」
「ボク、メンコあるよ。」
「あたしもある。」
「ボクのがあるもん、300くらいいくもん。ダシとかサシとかやるの。サシはくぐったらだめなの。宏美はまだやんない。ボクがあげたの。ちょうだいちょうだいって言うから、しょうがないからあげたの。マンホールの上でやってる。やり過ぎて腕が痛くなったけど治った。これ買ったんじゃないよ、買ったのは5枚くらいでね、あともらったのが10枚くらい。初めいっぱいもらったんだけど、みんな取られちゃったからね。それで10枚くらいもらってね、あとみんな取り返した。最初の時、ぜんぜん弱かった。ボクが3年の時、4年の人とやったら負けちゃった。ほとんど取られちゃった。ここの指怪我したの。地面にぶつけて血がビーッて出て。メンコ見せてあげようか、少しだけね。」
「あそこにいっぱいある、あっちの箱に。これはガンダム。あっちの箱は筋肉マンだよ。」
「こないだ、カマキリ捕りに行ったの。」
「兄ちゃん、昨日行った。農協の田んぼの所行った。いっぱいいる。」
「カマキリとかイナゴとかバッタとか手でつかまえたの、虫カゴ持って。それでねえ、マサキヒロミちゃんが自転車で来てね、カギ付きなのにねえ、カギ落としちゃったの。だから、帰る時にみんなで自転車運んできたの。それで、6時までに帰ってこれなくて、遅くなっちゃったの。」
兄妹で一緒に遊ぶ。
「うん、ほとんどいっしょに遊ばない。夜とか雨の日とか少し遊ぶぐらい。外でも時々、いっしょに遊ぶよ。いつも、くっついて来んだもん、お兄ちゃん遊ぼって来んだから。友だちと遊んでるのに、友だちがいないと、しょうがなくて来るんだよ。」
「そう。」
「それで、みんなに相手してもらえなくて。」
兄妹喧嘩する。
「する、する。いつもする。」
「1日1回はする。少しぶつかったりね、布団のとき、宏美もすぐそこで寝てるから、ボク踏んじゃうの、そうすると『イタイーーッ』とか言ってくるから。それとかね、ボクがね、『貸して』って言ってね、貸してくれないと、『何だよ』とか喧嘩になっちゃう。」
「フ、フ、フ、フ。」
「ずっと前、お風呂で喧嘩したらボク負けちゃった。泣いちゃったの。たいてい宏美が泣くけど、泣かない時もあるよ、『キャーッ』とかってね。」
「あのねえ、水疱瘡の時、外に出られないでしょう。だから、時々お兄ちゃんのメンコやるとこ見てたの、こっそり抜け出して。つまんないよおおっ。こういうふうに、ボツボツが出来てね。ここらへんとか、身体のあっちこっち痒いの。軽いからすぐ治ったけど、つまんないよおおって言ってた。」
「ボクがね、外に出ようとすると、『家にいて』ってしつこいんだもん、遊んでくれって。時々は遊んでやったけど、毎日家にばっかりいたって面白くないもん、宏美の相手してたって。ブロックとか、してやったけど。」
「あのね、ボクもやったことあるんだけどね、ボクの場合は、トイレに入ってトイレットペーパーもうめちゃくちゃにやって、それ入れてつまっちゃったのね。そいで、ボクはギャアーッて水おもいきり流して、足で下ツンツンして押して流したんだけどね。宏美がやったら、宏美そういうことしないで、トイレットペーパー引っ張るだけで、それずうっとやってて。お父さんが、おかしいと思って行ったらね、そしたらメチャクチャにすごくなっててね、宏美が怒られてね、どかされてね。トイレットペーパーがつまってたの。そいで、ビニール袋持っててってね、袋にいっしょうけんめい入れて、まだつまってるから棒でつっついたり、ゴムの変なんで吸いとって流したの。宏美もボクも幼稚園の時だけど。ボクは、足で流してたから怒られなかったの。新しいのみんな使っちゃった。」
「それからね、トイレで髪の毛こういうふうにやったら、ゆわくゴム輪が入っちゃったの。それでね、棒で取ったの。」
友だちの家ってここと違う。
「友だちんち、たいてい荷物が少ないって感じする。うち、荷物がギッシリだけど、うち4人だからね。あっちのシン君ちの方ね、部屋が違う。型が違うし、廊下とかあるんだよ。広いの、ベランダちょっと狭いくらいで。あと、１５棟とか、１４棟とか、１３棟とか、１２棟が違うかな。ドアのとこ色塗ってあるの。」
「赤とか。」
「ううんと、1階がね。」
「白。」
「いや違うね。ハダ色でね。2階が青でね、3階がわかんなくて。」
「赤。」
「赤じゃない。でも、3階わかんない。」
「紫。」
「4階が赤でね、5階が緑。あとね、部屋の窓が2つあるの。玄関入ってね、うちと逆向きの家もあるよ。あっ、マーちゃんちテレビが2台ある。1台はファミコン用。ヒロ君ちね、机が奥の部屋に後ろ向きっていうか、背中合わせにおいてある。あと、知らない人の家でね、ベランダに植木とかいっぱいあって、芝生の所にも出してあるの、板で台作って。８棟の1階だけど、すごいいっぱいあんの。」
夏休み面白いことあった。
「あった、海行った。」
「科学万博行ったの。」

「宏美ちゃん、面白くなかった。」
「面白かったくせに。ボクねえ、1番面白かったの『エレクトロガリバーの冒険』でね。つぎ、『旅路の劇場』でね。その次ねえ、牛丼食べに行ったの。ロボットショーも面白かったけど、牛丼おいしかった。」
「あのね、あたし1番こわかったのエレクトロガリバー」
「見るのに1キロ歩いたの。あとは、海行ったし、田舎行ったし、お母さんの平和島も行ったし。あとねえ、どこ行ったっけ、宏美。」
「張さん行った。」
「張さんの版画の展覧会行ったの。エレベーターすごく古くて、じぶんで手で開けるの面白かった。」
「これ見て、アサガオのはり絵。これ銅賞。」
「ボク水やり機。植木に水やる水やり機。」
「あと作文、カブト虫のこと書いたの。あのねえ、カブト虫が田舎のどこにいるかとか、エサのこと。リンゴとかスイカとか食べるの。田舎面白かった。」
「川で魚とか捕るんだよねえ、変なふうにして。木が折れて倒れてんのがあってね、それをお父さんがね、川のところに置いてね、それでビニール袋で水が出ないようにしてね、それで、水どんどん少なくしてってね、捕りやすいようにするの。それとか、手で捕っちゃうの。お父さん捕れるけどボク捕れない。ハヤとかフナとか、石の下にいるとこピッとかやって捕るの。」
「あたしねえ、」
「捕れなかった。イテ、テ、テ。」
「見つけたの。」
「時々、ウナギいるんだよ。ウナギは食べたの、おいしかった。魚はね、池に放したの。川はちょっと汚かったけど、台風で。このひとね、歩きながら梅干食べてたんだよ。」
「あのねえ、おばあちゃんちにリョウ君ていう人いるのねえ。そしてねえ、梅干がすきだからねえ。うんとねえ、3軒おうちが建ってるのねえ、おばあちゃんちの所。そしてね、おかあさんのおかあさん、うんと、おばあちゃんのおうちもあるのよねえ。そしてねえ、梅干がいっぱいあるの、おばあちゃんのとこで、作ってるから。だからリョウ君ってね、梅干が好きだからねえ、うちにないからねえ、わざわざおばあちゃんちまでね、梅干とりに行くの。」
「ボク、スイミング通っててね、近道したことあるんだよ。」
「あたし、夏休み25メーター泳げるようになったの。」

「まえ、市場小学校出来る前、あそこ空地だったでしょう。そいでね、空地に遊びに行ったの。そいで、すぐ近くにスイミングの屋根が見えたのね。それで、あっ、これは近道だと思ってね。そいで、工場とアパートの壁よじ登ってね。電信柱からスルスルおりてね、それで近道してったの。ずいぶん早く行けるよ。1回ね、ずいぶん初めの時、おばあさんに危ないって言われたの。でもやっちゃったの。帰る時はあんまりやんなかったの。暗いから、川落ちっとこわいから。」
怖かったことある。
「あのねえ、海老川の所で遊んでたの。そしてね、水門こえて渡ってたの。したら、急に後ろの人が、ちょっとねって、ドンてやったら安定がくずれてスーッ、ドンて落っこっちゃったの。川浅かったけど。去年の冬、そんなに寒くなかった。けど、ビチャビチャだった。それとねえ、錦糸町の団地の時ね、3才ぐらいん時だったけど、ボクの友だちと屋上のとこ行こうとしたの。そしたら、変なのがあんの、それハチの巣でね、知らなかったの。それでね、友だちが棒で突っついたの。それハチでね、ハチがブァーンて出てきて、逃げたの。だけど、すごい刺されちゃってね、それでキンカンつけたの。」
「あたしもやったもん。学校でねえ、ツダナオキ君がねえ、ハチの巣があったらねえ、それツンツンツンて棒でやったらねえ、ハチが怒ってねえ、ここ刺されちゃった。」
スズメバチに首刺されたら死ぬんでしょう。まえ、田舎の家にハチの巣あってねえ、殺虫剤でシューッてやったら、みんな死んじゃったの。その巣、すごくでっかいんだよ。博物館で見たやつよりでっかいの。」
「あのねえ、お兄ちゃんのこと女便所に入れようとしてねえ、お兄ちゃんがねえ、その女の子のね、肩にかみついたの。」
「ちがうよ。女の子がボクを女便所に入れようとしたの、すごい馬力で。それで、ボクが出ようとしたら、こんど押し倒したのねえ。だから、ボクが立とうとしたら、ボクの顔ここらへんグニュッて、つねったのね。だからもうやんなって、ボクのこの出っ歯で噛んでやったらねえ、そしたらアザになっちゃったの。」
「そしてねえ、先生に連絡帳に書かれたの。キャハ、ハ、ハ、ハ。」

団地の4階で見たもの

エレベーターを使う高層団地に住んでいると、小さい子供たちは、外で遊ぶ時間がどうしても少なくなるようだ。
子供1人ではエレベーターに乗れないので、母親が連れて出られる時しか外に出なくなるからだ。そのことから、子供は室内で遊ぶことが多くなり、外に遊びに行こうとしても、腰が重くなってしまう。
これは、高層団地住まいの親からよく聞く話である。近所付き合いを嫌う親だと、そのことはより顕著になる。
団地を歩いている時によく見掛けたのだが、子供が4、5人で遊んでいると、皆で一緒に何かをして遊ぶのでなく、1人1人が別々にゲームウォッチなどをしているのである。旧住民にとって、新住民の生活が異人種の町を見るように感じるのは、おそらくこのあたりを指摘しているのであろう。
それと、休日以外は、主婦と子供だけの世界というのも奇異に映る。
コピーライターの仕事をしている原田昌子さんは、今は結婚して船橋に住んでいるのだが、東京都新宿区百人町の都営住宅戸山アパートで、昭和32年2月22日に生まれて、育っている。やはり、ここで生まれた5歳年上の姉と両親の、家族4人が生活した戸山アパートは、鉄筋コンクリート4階建てで風呂のない２Ｋだった。
山手線高田馬場駅と新大久保駅間の百人町は、敗戦後早くから団地の町になった所で、線路の両側に並ぶ団地の棟が電車から見える。戸山アパートは、昭和30年の日本住宅公団発足以前に建った団地である。だから、名称は団地でないのだが、集合住宅の総称を団地として、原田さんに記憶の中の団地を話してもらった。

団地の前にお風呂屋さんがあったんですよ。だから隠れ場所がいっぱいあって、かくれんぼしたり、鬼ごっこしたり、カン蹴りや石蹴りしたり。
16号棟の前に大きな欅の木があって、そこよく登ったりしてました。
あの頃、同じくらいの子がたくさんいたんで、イジメっ子とかナカマハズレっ子とかよくやってたみたいですね。
敷地に残った土地があって、そこにアパートが建ったんですけど、それが入り手のないアパートで、ドアに鍵の掛かってない部屋があって、その中でよく遊んだりしてました。
秘密基地といった感じで、

「誰にも教えちゃだめだよ。」
とか言ってね。
私の行ってた西戸山小学校は、ほとんど団地の子でしたね。ちょうど、戸山アパートと公務員住宅と、山手線の反対側の国鉄アパートで、そこに住んでる子供たちがほとんどでした。友だちは、どこの家もみんな生活のレベルが違わなかったと思うんですよ。借家かアパート住まいの人多かったですし。どこの家へ行っても、凄いと思う物も別になかったし。借家が横に並んでるとすると、うちは、それが縦に並んでるくらいの違いでしたから。
4階だとずいぶん遠くまで見えるんですよ。
1階や2階だと、何かあればすぐその中に入ってけるんでしょうけど、4階だと眺めちゃうんですね。学校のようすとか、皆が遊んでるのとか、近所のおばさんが歩いてるし、4階から見てるとみんなわかるんです。
幼稚園の時は、窓からぼんやり眺めてるっていうのが多かったです。小学校入ると、けっこう外へ遊びに行くようになりましたけど、幼稚園の頃は、窓から外眺めてて楽しかったですよ。
空の色が変わっていったり。やっぱり、4階は高いんですよ、上に何もなかったし。朝から空見てても飽きないんですね。空の色も季節で全然違うし、ブルーなんだけど違うんですね。夕方になると赤くなったり、それも、真っ赤になったり黄色くなったり。それで、金星なんかもポッと出たり、星もずいぶん見えたんですよね、あの頃は。もっと見ようと思えば、屋上行くと満天の星できれいでしたよ。
火事があったりするのがすぐわかりますし。新宿の光もよく見えました。小学校入った頃から、デパートの屋上でサーチライトが回るんですよ。
あの頃は、まだ都電が走ってたし。自然もあって、赤トンボなんか飛んでて、モンシロチョウとかアオスジアゲハとか、けっこう子供の頃は虫なんか好きですね。
オリンピックの時、飛行機で空に5輪を描いたのも覚えてますし。小学校2年の時、オリンピックだったんです。
天気のいい日は、富士山が見えますし。お正月だと必ず見えましたね。
下をいろんな人が通るのを見てました、あっ、あのおばさんだとか。夕方になるとトーフ屋さんなんか来てました、あの声わびしいでしょう、で、電気がついて。
あと、金魚屋さんの声なんかもよく聞こえてきました。竿竹屋さんとか。
夜になると、夜なきソバなんかも来て、あれ聞こえると、一度食べてみたいって1人で思ってたんですよ。

公園があって、プラタナスが植わってたんです。プラタナスはきれいっていうんじゃないんですけど、毛虫が多くてね。
棟と棟の間に花壇があるんですよ。それは使っていいんですよね。だから、そのお家の好きな花がそれぞれ植わってたんですよ、アジサイとかカンナとかチューリップが。
それと、お風呂屋さんの敷地に樅の木があって、夏になるとセミがいっぱいきて、ミーン、ミーン、ミーンって。
4階だと季節感もあったんですね。
近所付き合いもあったし。お風呂屋さん行けば、友だちのお母さんにも会っちゃって、
「ここ、今空くから、ここで洗いなさい。」
とかね、洗い場が混んでると言ってくれたりね。
1階だと、すぐに外に出られるんですけどね。
小さい頃、私、ピアノ習いに行ってたんですよ。それ自分としては、ちょっと負い目だったんです。何か、皆と違うことしているみたいでね。それで、ピアノから帰ってきて、目の前に友だち遊んでて、家に入ってから外に出て遊ぼうかなって思うんですけど、いったん4階まで昇って部屋に入っちゃうと、その遊びの中にちょっと入りにくい気がしてやめたりとかね。
1階だとすぐ出るんでしょうけど。それで上から見てるんですけどね、何かこう、金魚鉢の中から見ているような、わりとワンクッション置いて考えてるみたいだったですね。気軽さっていうの、4階まで行くと少し変わっていって億劫になるというか。
3歳の時、私、60年安保闘争を4階の窓から見てたんですよ。70年のもありましたし、面白かったですよ。
鬼ごっこしてるような、映画か何か見てるみたいな、兵隊ごっこやってるような、追いかけっこしてるような、そんな感じで意味はわからないで見てました。ワサワサした雰囲気が何となくわかったんですね。
町の噂では、うちは特等席だったんですね。だからもう、下の人たちわざわざうちに見に来たりして、安保闘争を。
早稲田大学があって、理工学部が近いんですよ。
馬場のあたりから学生が逃げてきて、家の周辺で、
「ア、ン、ポ、ハ、ン、タ、イ。」
なんて。

疲れて帰ってくるんですよ。それ、逆に機動隊が学生の格好して待ち伏せしてたり、装甲車が止まったりしてね。それから、交番が焼き討ちとか、70年の時は、学校半日で休みになっちゃったんですよ。店屋さんなんかも早仕舞いしちゃって。その頃ちょうど、新宿の西口が出来たのかしら。広場なんかあって、フォークなんかやって。岡林信康やなんかが、60年代中頃から出てきて、フーテンが出てきて、なんかワサワサ、ワサワサした雰囲気があって、わりとそういうの好きでしたよ。あの頃の新宿は、汚らしいんだけど、どこか探せば何かあるような、面白かったという印象すごくありましたね。とにかく、何かわかんないけど大学生が格好良く見えました。
階段の踊り場なんか集まって、友だちと喋ったりしてました。雪降ってきたりしたら、向かいの棟と20メーターぐらい離れてたんですけど、4階に友だちがいて、
「どれくらい積もるかなあ。」
とかって、大声で話したりして。
長屋と同じような感覚だと思うんですよね。だから、近所のおばさんにもわりとよく会っちゃうし、反面めんどうくさい部分もありましたよ。
姉は私と違って、写真撮る時なんか平気でまん中いくんですから、団地の体験も私とはずいぶん違うと思いますけど。
カン蹴りやったり、駄菓子屋さんでロオ石買ってきて遊んだり、屋上でゴム跳びしたりしましたけど。屋上で遊ぶと4階の家にドンドン音が響くんです。部屋でも、高いとこから飛びおりたりすると、下の人に迷惑だからとか親に言われて。やっぱり音にはうるさかったんじゃないかしら。聞こえちゃうとか迷惑だとか、そういうことはよく言われてたですね。
鬼ごっこ、部屋の中でしちゃったりするんですよ。子供だったんで、声が大きくなるんですね。
そうすると、
「ドンドンするな。」
とか、
「外で遊びなさい、子供でしょう。」
とか言われちゃってね。
中学1年の12月に、多摩の1戸建てに引っ越したんですよ。引っ越すのが決まったの、小学校6年の時なんですね。それで、新しい家とか学校とか見に行ったんですよね。そしたら、駅が木造で下が田んぼで、学校の校庭が土なんですよ。それが嫌でね、それで、前の学校に通うって言って電車通学にしてもらって。その頃

は、本当に荒涼とした所で、造成地ばっかりだし。
それ見てきたら、もうこの部屋とも会えなくなるって、胸が締めつけられるような思いで。
壁に落書きとか傷がついてたりで、それぞれ懐かしいんですよね、愛着があって。それで、写真を撮って残しておきたいとか思ったんですよ、引っ越す前に。写真やってたわけじゃないんですけど。
部屋の中の自分のコーナーとかありますよね。自分の部屋はないですけど、机が置いてあるところとか、窓から眺めてたところとか、それから、天井とかも撮りましたね。よく、天井変わると眠れないとか言いますよね、普通は枕ですけど。
団地は天井がコンクリートなんですよね、白い。多摩は、天井、板張りなんですね。ようするに、私には板張りの天井って、旅行した時の旅館みたいで眠れないかなっとか。で、下からコンクリートの白い天井見上げて撮ったんです。
あとは、ベランダとか木とか、ベランダから見たところとか。北の部屋は、ソファーがあったりして、客間っていう感じだったんですけど。南の部屋は茶の間で、家族が食事したり遊んだり勉強したり、だからこの南の窓からよく外眺めてたんです。
1戸建てだと、子供にとって自分の部屋が自分のお城ですよね。でも、団地は狭いんで、家全体が自分の部屋なんですよね。全部自分の物なんですよ。台所にしろ、全部自分の息がかかってる。なのに、一方的にいわれて引っ越すっていうのが、何か理不尽に思えて寂しくてね。何かそれがたまんなくて、一気に写真撮っちゃいましたね。
夜は、御飯を用意したちゃぶ台の上。
「ちゃぶ台は、置いてく。」
とか、聞いてましたから。
両親や姉の写真は、別に撮りませんでした。
撮った写真は、引っ越した後はもう忘れちゃって、見返すことなかったんです。
ただ、夢ではその団地のことよくみるんですよ、今でも。
なんか、懐かしい自分なりの見方で見るんです。
多摩に引っ越してからの記憶っていうの、今度はほとんどないんですね。
引っ越して、家の中に歩くスペースがあるんですね。廊下とか、部屋から部屋に行くのに歩くのが面白くてね。あとは、通学に時間かかるし、高校入ってからはクラブのバスケットで帰りは遅いし、ただ、帰って寝るだけって感じだったんですね。

噂話の構造

他人の陰口を、本人の居ないところで喋り合って楽しみを発散させる噂話は、時代や場所を問わずに、人が2人以上集まると必ずあるものである。その俗っぽさを嫌って、噂話への不参加を装う人もいるが、全く噂話をしないのでなく、内容を選別してから話に加わっているのであって、しないというのではない。
そして、人は誰でも噂話が好きなのである。
噂話の内容は、だいたい他人の悪口になるのだが、そのタイプが大きく分けて2つある。それは、話の内容というよりも、話をする側の性格や生活体験によるのかと思う。
話題にのぼった人の足を引きずり降ろして、その人を不幸で辛い立場に追い込むことに喜びを求める人と、苦境に立たされた当人に、自分と共通した何かを見つけ出して手を差しのべずにいられなくなる人の、2つのタイプである。
しかし、どちらのタイプにも共通していえることは、噂話が、噂になっている当人にとっての事件から、話だけが飛び立って1人歩きするということである。
噂話をする人たち各々の人生への願望を話題の人の人生に反射させる。だから、噂話は人の数だけ脚色されて、話だけが1人歩きしているのである。それは、噂話に脚色をほどこした人たちの人生の、夢の分だけの脚色であるかも知れない。
何回も脚色されて変質してしまった事実、これも噂話の構造の中での真実である。
こうなってくると、噂話には、話をした人の数だけ真実がある。
なかには、当人のところまでわざわざ話を聞きに行って、自分が組み立てたドラマに合致していないことに落胆して帰ってくる積極的な人もいる。この人たちは、より完璧な脚色をするための真実を追求する、噂話探究派なのだ。
皆の脚色に塗り固められた話が、本当の真実といえるのかどうかということは、噂話の当人と、それを話した人たち各々の性格や願望や生活体験などひしめく場の中から生まれてきた作り話として、嘘とはいえない。しかし、本当とも違う。ただの噂話なのである。
そのことは、話題の当人の口から出る話の内容においても同じである。
人それぞれに、人生を生きていくことのさまざまな願望が、噂話の多彩な脚色の1つ1つの部分に込められている、それは、今の時代に見出すことの出来る数少ない庶民の表現のひとつである。

夜中に、赤いネグリジェの幽霊が出るという噂が、誰の口からともなく、新興住宅地での噂話として広がった。
酒を飲んで夜中に帰ってきた近所の御主人が、家の前でタクシーを降りると、赤いネグリジェのような物を身につけた女が、ヒラヒラと地を這うように飛んでいくのを見たというのだ。
蒸し暑い熱帯夜の夏も過ぎて、夜が少し冷えるようになったある日、そんな噂話が近所の主婦たちの立ち話の話題にのぼるようになった。
「主人が夜中にタクシー降りたら、赤いネグリジェ着た幽霊を見たなんて言うんですよ。」
「あら嫌だ、そんなことあるの。」
「酔っ払って、エッチな夢見たんじゃないのって言ったんですけどね。」
「そういえば、うちの主人もそんなこと言ってた気がするわ。いつも夜遅く帰ってくるんで、私はさきに寝ちゃうからよく覚えてなかったけど。」
噂は、御主人の口から奥さんへ、奥さんから近所の人たちへと広まり、すぐに近所中の評判になった。主婦が2、3人集まればこの話題になった。
「うちの主人も見たそうよ。」
幽霊を見たという御主人たちは、会社の接待などを理由に酒を飲んで、夜中か朝帰りを週に2回か3回やっているという男たちである。
建て売り1戸建ての多いこの新興住宅地は、東京への通勤圏内で、ほとんどの家の御主人が毎日1時間半をかけて東京の会社まで通っている。しかも、どこの御主人も40歳前後と年齢層が似ている。隣りの賃貸の団地の家族は、もう少し下で30歳前後になる。いわゆる、東京市民が生活するベッドタウンの典型のような町である。だから、こういう新興住宅地を昼間歩いていると、男の姿を見ることはほとんどなくて、主婦と子供たちばかりなのである。
ところで、赤いネグリジェの幽霊のことだが、3カ月も過ぎると噂話は進展して、
「あの幽霊の話なんだけど、あの家の奥さんが浮気してたんですってね。」
幽霊の正体は、女が夜中に家をぬけ出して、ネグリジェ姿のままで男のところへ、100メーターを疾走する姿であった。幽霊と言われたその奥さんは、近くで店を開いている若い独身男と浮気をしていたのだ。
御主人が夜寝るのを待って、布団の中から起き出すと、ネグリジェ姿のままで家を飛び出し、男の待つ家に走っていたらしい。初めは人目につかないように慎重にしていた恋路も、しだいに激しく大胆になり、服も着替えずに裸同然のような姿で頻繁に男のところへ通うようになった。
そうなると、人目につかずに済むはずもなく、酒に酔って夜遅く家に帰る近所の御主人たちの目にふれるようになって、それが幽霊に見えたのだ。裸に薄いネグ

リジェを羽織っただけの女が、夜中に100メーターを疾走する姿を見れば、酒を飲まずにしらふであっても幽霊と見間違えてゾッとすることだろう。
この幽霊騒動顛末の噂話も、すぐに近所でひろがった、という構造だったのである。
物凄い夫婦喧嘩の末に離婚を決意した御主人は、大酒飲みの会社員で、夜になると大酒を飲んで寝てしまうだけの毎日だった。奥さんは、そのことがたまらなくなり、ついに若い男との浮気に踏み込んでしまった。
この夫婦には幸っちゃんという1人娘がいた。
奥さんは、その幸っちゃんを連れて、駅に近いアパートに引っ越した。幸っちゃんは、明るい元気のいい女の子なのだが、小学校3年の頃に心臓弁膜症の手術をしている。
ある時、隣の同級生の家で幸っちゃんが遊んでいると、その家のおばあさんが、他人の家でも元気にはしゃぎ廻るのを見て、
「幸っちゃんは、心臓強いわね。」
おばあさんが幸っちゃんの悪口を孫にこぼすと、
「幸っちゃんは、心臓手術したから心臓強いんだもん。」
真面目な顔で孫が言うのを聞いて、家の人たちは大笑いしたのだそうだ。
とにかく、幸っちゃんは明るく元気のいい子だった。
その幸っちゃんが、
「私は、お母さんの生き方に賛成できない。」
離婚後も、お母さんの乱行は直らないのだろうか。幸っちゃんは、授業料免除の特待生として高校に入学していた。
「お母さんから独立して、早く自活したい。」
すでに高校生に成長した幸っちゃんの声が、風の便りに聞こえてきた。学校での成績も良く、友だち付き合いもきっちりしたところがあって、立派な娘さんになっているようだった。
「お母さんと比べるわけじゃないけど、幸っちゃんはしっかりしてえらい娘ねえ。」
これが、この噂話の最後だった。
母子が家を出た後も、この噂が何故聞こえてきたのかというと、幸っちゃんが中学を転校しなかったからなのである。今でも幸っちゃんと仲良しの近所の女の子が同級生でクラスも同じなので、学校の帰りなどによくそういう話をするのだそうだ。
「幸っちゃん、元気にしているの。」

時々、思い出したように聞く母に、2人で話したことを母に話すと、母は再び近所での話題にするのだった。
これは、この5年間カメラを持って歩いている間に、私に聞こえてきた幾つかの噂話の中で、噂好きの人たちの興味を最も引きつけた噂話であった。

新興住宅地で、知り合った主婦たちから聞いた話では、
「団地の噂は、1時間でひろがる。」
というほどに、その伝わり方は激しいものであるらしい。
噂話が伝わる構造というのは、赤いネグリジェの幽霊騒動の時とほぼ同じで、違いがあったとしても、構造の基本形のわずかな変型にすぎない。
噂話を聞いて伝わる構造をたぐっていくと、夜の寝るときだけしか家に居ないといわれている御主人たちが、主婦とは別の回路で、噂話伝達に大きな役割を担っている。
聞こえてきた噂話で、その本人に会えるかぎり直接会って話を聞いてみようと思った。
新興住宅地の家庭は年齢と収入にあまり差がなくて、どこも同じような生活をしている。だから、親たちは自分の子供の出来で、他の家族と差をつけようとする。
今までに私が聞いた噂話を、内容別にして多い順に並べてみると。
1番によく聞く噂話は、やはり、子供が通っている学校の先生のことである。先生の良い噂というのもあるのだが、これは噂話としてあまり広まることがない。
やはり、悪い噂だとよく話題にのぼるのである。しかも、それが若い先生だと大変な話題となる。しかし、この話が主婦たちの間であまり昂じると、学校へ母親が怒鳴り込むという結果にまでなってしまう。
2番目は、子供の非行や喧嘩、行儀などである。この噂話が親の躾の悪さにまで進展し、最後は親同士のいがみ合いになってしまうこともある。子供のことを注意しに行った母親が、行った先の母親と玄関口で口汚く怒鳴り合うのを私も何回か見ている。
3番目は、夫婦間のもめ事の噂話である。しかし、この話は秘密を守ったりするので、影で話されていて表面に出てこないこともある。だから、見方を変えると、これが1番になるのかも知れない。男と女の多様の綾がからまるので複雑である。
他には、近所の御主人や奥さんの癖の揚げ足とり、店屋のこと、ニュースになっている事件やスキャンダルなどがある。
「金曜日の夜になったらどこの家もみんな一斉にセックスに励んじゃって。もう、

団地が揺れんじゃないかと思った。」
高層団地に引っ越してきて半年目の奥さんの団地全体の話だが、これはスケールの大きい話だと思った。
「うちの上の5階の奥さん、夜中になるとガチャーンガチャーンって物凄いのよ、その音がもう凄いのよね。」
団地の家の中で写真を撮らせてもらって、その後、その家の奥さんと話をしている時にこんな話を聞いた。
「御主人が夜帰らないことが多いみたいで、そんな時に食器とかでやってるんじゃないかしら。それでいて、うちの子供たちがちょっとドタバタしていると、もうすぐに電話してきて注意すんのよ。」
10日ほどしてから、撮らせてもらった写真を届けに行くと、その5階の夫婦が大変なことになっていた。
御主人が、夜遅く帰って布団に入っていると、奥さんが包丁でその足を刺してしまったのである。
「寝てると、女房が台所へ行くんで、おかしいなって見てたんですよ。そしたら、包丁持ってきて急に刺したんですね。」
私は、奥さんに刺された御主人と顔を合わせたことがなかったが、その話をどうしても御主人の口から直接聞いてみたくなった。御主人の友人を通して、その話を聞かせてもらった。
「結婚してすぐの頃、女房の田舎に行ったんですよ、沖縄の宮古島なんですけど。愛にあふれてんですよね。学校から帰って家に両親がいなくても、畑に行けばそこに両親がいてね。愛があるって感じだったんですね。だから、女房にとっては、家庭っていうのは愛があって当然なんです。
だけど、僕の家は両親共働きで、家に帰ってもいつも誰もいない。愛に飢えているんですね。愛があって当然の女房と、愛に飢えた男の夫婦生活って、どこかギクシャクしてね、子供もいないし。
仕事1人でやってるでしょう、写植の仕事なんですけど、そうすると夜遅くなって家に帰れないっていう日もけっこう多かったし。」
御主人の話を聞いていると、やはり夫婦のどこかに軋む音が聞こえたような気がした。
御主人が必死になって働いていることが、夫婦の意志を通わぬものにさせて、背伸びした生活に歪みが出たのだろう。働き過ぎる男たちにとって、他人ごととは思えない出来事だった。

新興住宅地を歩くことで、数限りなく次から次へと、噂話が私に聞こえてきた。私の耳にまで入ってきたその噂話の底に脈打つものは、日常生活の中に眠ってしまった自分を何とかしたい、という人さまざまな願望でもあった。結局、噂話は、今ある家族の中の1人1人が持つ願望とそのズレの在り様、そのものだった。

団地の事件

小島明さんは、中学1年生で、東京の三鷹から入居開始当時の昭和36年夏に、船橋の高根台団地へ引っ越してきた。
中学1年の2学期に転入した中学校は、開講したばかりの全校生徒18人という学校だったそうだ。それが2年も過ぎないうちに、1クラス80人という教室が出るほどのマンモス校になっていた。
その当時の小島さんは写真が好きな少年で、入居開始前後の高根台周辺の風景や建設中の習志野台団地の写真など、他にも興味ある写真をいっぱい撮っている。
今は、奥さんと子供3人の5人家族で、やはり団地のグリーンハイツに住んでいる。
よく晴れた日曜日、グリーンハイツの小島さんのお宅を訪ねて、奥さんと2人に団地生活のいろんな話を聞かせてもらった。

やっぱり変な気がしますよ。
生まれてからずっと1軒家で、庭がある家に住んでて、で、春になると蛙がが出て来て、アリンコがいて。そういうの、家から足一歩踏み出せば、すぐに見られたんですけど、ここは3階ですから1階までわざわざ降りて行かないと。買い物の道すがら見ることあるんですけど、そういう自然が身近にないっていうのも、何か不自然ていうか。犬や猫も飼えないし。
団地の子供って、犬や猫にちょっと戸惑いがあるんですよね。そういえば昔、高根台団地で野良犬が10匹くらい群れなして歩いてることありましたね。
私、犬が好きだったんですよ。
小学校3年から18くらいまで、ずっと犬のいる生活だったんですよね。夕方になると毎日犬連れて散歩に行ったりとか、とにかく土といつも接していられたんです。1軒家だとそうなんですよね。
ここは、どうしても下まで降りていかないといけないから。
主人の場合は、中学1年の時から団地の生活ですから、別に何とも思わないって言うんですよね。だけど、私は結婚してここに入ったんですけど、1週間くらい変でしたね。何だか空中に浮いて生活しているみたいで。
それで、自分の家がわからないんですよね、同じような建物ばっかりだから自分の家に帰れないんですよ。帰ってくると隣の棟に行ってしまったりで。初めの頃は、何回か間違えましたよ。今はもう馴れましたけどね。

怒鳴り声だとか、けっこう聞こえるんですよ。昼間はそれほど気になりませんけど、夜中になると響きますね。
夜になると、掃除機の音なんか聞こえますしね。怒鳴り声なんか、聞こえないと思って声出してるんでしょうけど、何言ってるかはわかんないんですけど聞こえるんですね。あっ、怒鳴ってるなって感じで。
だから、うちの子供たちの足音なんか、そうとう下の家に煩いと思うんですよ。子供は、どうしても高い所から飛び降りたりするでしょう。
よく、会報でも廻ってきます。夜9時以後はピアノを弾かないようにしましょうとか、近所の迷惑になりますから、子供がドタバタ大きな足音をたてないようにしましょうとか、回覧で時々廻ってきます。
ピアノの騒音で殺人事件とかあったでしょう。あれ、私もわかりますよ、おかしくなりますよ。
私が三番目の子お産してすぐの頃、近所のお兄ちゃんか誰かステレオをガンガン、ガンガン、夜中まで大きい音でかけてたんですよ。お産してすぐの時って、ちょっとでも眠りたいんですよね。それで、寝ようとすると、ステレオとかかかってくるから、しばらくおかしかったことありましたね。
こういう所で暮らすのに、そういうこと気を使いますね。
それと、ベビー布団干しといたんですよ。布団バサミで止めたんですけど、買い物に出ている間に風が強くなって、帰って来たら布団がないんですよ。それで、下見たら、下のお宅の木に引っ掛かってたりなんて、そんなことよくありますよ。子供が、サンダルとかベランダから落としたりして、そのたびに下の家にすみませんとか何回も謝りに行って。
上の女の子が小学校4年で、下が2年生の男の子で、あと2歳でしょう。もう少ししたら、もうひと部屋欲しくなりますよね。今ここだとひと部屋足りないんですよ。それで、犬飼いたいとか言うんですよ。
「お母さん1階に越そうよ。」って、
「でも、ここは1階でも犬とか猫とか飼っちゃいけないんだから」って、言ってるんですけど、猫だと飼っている人もいるんですけどね。
今は、この鳥飼ってるんですよ。この鳥はね、迷い込んで来たんですよ。
朝、玄関の所で、何だかピーピー、ピーピー啼き声がするんですよ。で、普通の鳥の啼き声じゃないんですよ。それで、ドア開けたら、私の方を見て、もうすがるような感じで、ピーピー、ピーピーって、何か訴えるんですね。それで結局、家に居ついたんです。

初め名前つけようなんて言ってたんですけど、啼きもしないし芸もしないし、だから鳥っていうだけでまだ名前がないんです。鳥っていうだけの鳥なんです。
ここの10階建の高層団地ありますよね。あそこから飛び降り自殺があったんですよ。中年の男の人で、この団地の人ではなくて、外から来た人なんですけどね。
今までに2人いるんですよ、あそこの10階から飛び降り自殺した人が。
ここの団地の人が自殺する時は、他のところ行ってやるんでしょうけどね。
あと、家の向かい側火事になったんです。昼間なんですけど、私がたまたま居ない時で、私の家が火事なんじゃないかって思って友だちがわざわざ見に来てくれて。
凄い火事で、家の中ほとんど燃えたらしいですよ、外壁なんかも煤で真っ黒になってました。子供の火遊びですって。
めったにないんですけど、団地でボヤなんかあったりしますよね。それで、消防自動車来ますよね、そしたらもう子供だちがワーッてどこからともなく大勢集まってくるんですよ。それで、救急車なんか来たらもう大変ですよ、あっちからもこっちからも子供が出て来て。どこにこんなにたくさん子供がいたんだろうって思うくらい集まってくるんですよ。凄いですよ、消防自動車や救急車が来たら、子供たち自転車に乗って見に来るもんね。
僕は、事件はちょくちょく目撃して、110番通報何回もしたことあるんですよ。
去年の夏のことなんですけど、夜寝てたんですよ。そしたら、いきなり外でね、「こら、だめだ。おい、捕まえろ。」って、声がしたんですね、物凄い大きな声で。
そして、バタバタバタッって走って行く音がしたんですよ。
それで、これは普通じゃないと思って、何かあったなと思って110番したんです。
そしたら、それくらいのことで110番する人なんてあんまりないらしいんですね。
こういう人がいて、どっちの方に行ったって言ったんですけど、むこうがなかなか信用しないんですね、いたずら電話と思ったらしくて。何度も詳しく説明して、むこうもやっと納得してパトカーが来たんですよ。パトカーもサイレン鳴らさずに、2台来ました。
結局、そのことは何もわからずじまいだったんですね。
それから、この間私の車、鍵かけ忘れて置いといたら中を荒らされたんですよ、何も盗られませんでしたけど。交番に一応そのことを話しに行ったんです。
それで、1の4の5の小島だって言ったら、そのお巡りさん、あっ、なんてはっとした顔したんです。
それで、これは何か知ってるなって思って、話をしながら、去年こういう事件があったけれどもって、ちょっと水向けしたんですよ。そしたら、実は、それ私だったんですよって、捕まえろって叫んだのは、そのお巡りさんだったんです。
で、後から住民の人からの110番があって、他の警官も応援に来てくれて、追いかけたんだけど捕まえられなかったんですよって。その時110番した人の名前が小島だっていうのを、後で聞いて覚えてたらしいんですね。
ということで、それはパンツ1枚で覗きをしていた男らしいんですね、それが1階だったんです。で、そのお巡りさん追いかけたんだけども、左の膝に水が溜まる病気かなんかで、ピストルぶらさげて重装備だしで、結局捕り逃がしちゃって。
家は3階だからそういう被害ないですけど、1階は覗きだとか下着泥棒が多いって話よく聞きますね。1階に住んでる方でね、夜、はっと気がついたら外から男の人が覗いてたって話、夏ですけど聞きましたよ。
この前もね、家庭内トラブルあったんです。
夜8時頃なんですけど、言い争う声が聞こえて、玄関の戸をバタンバタンさしてたわけですよ。そのうち、警察に電話してくれとか、助けてくれーっとか、大声で怒鳴ってるんですよ。もうだめだって言ったり。で、そういう叫び声が聞こえるって、警察に電話したんです。
だけど、今度は警察から電話がかかってきて、どういう情況か、詳しくって。
そうしたら警察も現場に向かって、すぐにわかったらしくて、それ家庭内暴力だったらしくて。
ここに住んでて、初めてじゃないかしらね。あれだけ凄い親子喧嘩聞いたの。
お母さんたちが子供の勉強見てるうちに、大声になって物凄く叱るっていうの始終あったけど、そんなもんじゃなかったから。
暴力ふるって、かなり傷ついてるんじゃないかって感じだったんですよ。物凄い殴る音でバシバシ、だから普通じゃないなっていう感じだったんですよね。
もう1回は、やっぱり夏の夜中で、寝てたら何人もの話し声がワイワイ、ワイワイ聞こえるんですよね。そんなんで、夢の中でもそういう声がワイワイ聞こえてきたんです。そのうち、車がブーッて走り出したらガッシャーンとぶつかったんですよ。で、はっと目が醒めて、ベランダから見たら、駐車してる車に、ドーンとぶつかってるわけですよ。それで、女の子が1人ね、ヘラヘラ笑いながらこっちにフラフラーッて歩いてきて、他はもう誰も姿が見えないんですよ。
それ、明け方の4時頃だったかな、110番したんですよ。事故だし、中に人が怪我してるかもわからないし。お巡りさん来て調べたら、盗難車らしいということだったんです。それは、お巡りさんそういう時何も言いませんから、後で知ったんですけど。
ようするに、若い子たちが車盗んできて、ここらへんでワイワイ騒いで、それで車動かしてぶつけたらしいんです。
ここ、場所的によく見えるんですよね。奥の部屋に居ると、前の道路が団地のはずれまで素通しで見えるんです。面白いですよね、だから。
僕が夜中に、会社から乗って帰って来たタクシーが、この先の交差点で衝突されたんですよ。
その時、この5階に外科のお医者さんが住んでたんですけど、衝突の音きいて、そのお医者さん窓から見たらしいですけど何も見えなかったって言ってましたから。うちからだと見えるんですけど、1軒横へずれると何も見えないんですね。
そのせいかここに居るとよく見ますね、団地の事件を。
けっこうありますね。何もない平和ですよとか言いながら、団地にもけっこう事件がありますね。
泥棒とか空巣っていうのは聞きませんね。団地の家って出入りする所、たいてい1ヵ所でしょう、見つかった時に逃げにくいんじゃないですか。1階だと危ないかもしれないけど。
たまに事件みたいなこともあるんですけど、ほとんどは、会社から家に帰ったら、ぱっと風呂入って酒飲んで、一番下の子とじゃれ合って寝ちゃいますね。夜遅いとみんな寝てるし風呂入って寝るだけですね。

青空の下

家から自転車で20分ほどの所にアパートを借りて仕事場にしているのだが、この文章を書き始めて間もない夏の日、外の空気を吸いたくなってぶらりと出ると、アパートの駐車場に白い大型の外車が止まって、ちょうどチリチリパーマの一見してヤクザという男が2人、その外車から降りるところだった。
何かと思って、2人が話すのをそれとなく聞いていると、
「あの野郎、あくどい奴だよなあ。こんな所まで逃げ込みやがって。」
とか、話している。
この2人よりあくどい奴という人間の顔を想像するのは、とても困難なことではと思うのだが、2人が手に借用証書や帳簿を見せびらかせるように持っているので、サラ金の取り立て人であることが理解できた。
男2人は、近所の建て売り住宅の1軒に、顔の汗を拭きながら入って行った。
ここは、小さな建て売り住宅が並ぶ新興住宅地にポツンと1軒だけあるアパートで、私の写真の仕事はすべてここでやっていた。
写真の暗室作業といっても、それほど日数がかかるわけでなく、撮影で外に出ている日が多いので、留守にすることが多かった。夏になってからこの文章を書き始めて、仕事場に昼も夜もとじこもるようになり、そうしてみると今まで知らずに過ごしていた新興住宅地での日常生活が見えてきた。
シンナー、覚醒剤、サラ金、コインロッカー棄児、主婦売春、中学生の非行、テレビや新聞の見出しを賑わす社会問題は、新興住宅地のこの狭い区画の中に、気がつくとすべて身近なこととしてあるのだった。
やはりこの夏のことだが、週刊誌を買おうとして総武線の本八幡駅へ行くと、構内のコインロッカーの前にロープを張りめぐらせて、警察官が10人くらいでおおげさに警戒している。
近くで見ている人に聞くと、
「すて児らしいですね。」
無表情に言うと、その人は改札口へ歩いて行った。
コインロッカーに棄児のようで、捜査官がロッカーの扉を開けているところだった。手提げの紙袋に入れた赤ちゃんは、生後すぐに捨てられたらしく息絶えて、顔が土気色になっていた。
駅の通行人は、残酷なことに目を向けたくないのか、先を急いでいるのか、立ち止まって見ていく人は少ない。張ったロープにつかまって、その事件をみている

うちに、もうひとつのことが気になりだした。
それは、生活の中の出来事や事件を見ようとしないのが現代人なのか、横目で少し見て、立ち止まることもなく歩き過ぎて行った人たちの無表情さである。あの通行人たちは、家の中で家族に対しても、隣り近所にも、あの横目で少し見るだけのことをしているのかもしれない、と思えてきたのだ。
このコインロッカー棄児事件は、朝刊の地方版にわずか5行の記事として扱われていた。あれほど大きく報道されていたのと同じ事件が、今では地方版のわずか五行の記事になっていた。

仕事場にしているアパートの周囲は、小さな建て売り住宅が密集しているので、２ＤＫの台所の窓を開けても、暗室にしている四畳半の窓の外も、建て売り住宅の壁と窓が見えるだけである。
ということで、この文章を書いている間も、隣り近所の家の中から、生活の声がよく聞こえてくる。
聞こえるのは、サラ金取り立て人の声もそうだが、切実な声ばかりなのが気にかかる。
「うるせえんだよお、てめえ。くそばばあ。」
母と娘の喧嘩にならない喧嘩である。1日に1回、これが始まると、お母さんは、
「ナンミョー、ホーレン、ゲーキョー。」
となる。
心の依りどころを見失った母には、おそらくこれ以外に見つからないのだろう。しかし、そのことが娘をよけいに苛立たせる。娘は、テーブルの上の物をひっくり返して家を出てしまう。
聞こうとしなくても、毎日聞こえてくる。やっと買った1戸建ての我が家にほっとした途端の娘の乱行である。
裏隣りの家は、このアパートとの仕切りが金網だけなので、窓を開けるとすぐに顔を合わせてしまうほど近くにある。この家の奥さんは、庭を掃除している姿をよく見かけるのだが、この裏側は隣りと顔を合わせるのが嫌なのか、窓を閉めきっていて通ることもほとんどない。そこに生えた雑草や蔦に毛虫が寄生し始めたので、そのことを伝えにいったのだが、
「忙しくて、裏まで手が廻りません。」
と、追い返された。
台風があった次の日、風に飛ばされた物を探しているように、開かずの裏窓を開けた奥さんがキョロキョロしていた。ちょうどそこに、私も窓を開けてしまった

ので顔を合わせた。その奥さんとは玄関のインターホンで話しただけなので、顔を近くで見るのは、8年目にして初めてだった。
「この散らかってるゴミは、お宅のゴミですか。」
顔を合わせると、いきなり言われた。
どうも、私が窓を開けて顔を出すのを待っていたようだった。
「違います。」
「それじゃあ、どこのゴミですか。」
「知りません。」
私も、寝起きの態勢を整えてから、
「台風で飛んで来たんじゃないですか。」
と言うと、
「アパート住まいの人たちは、いつでも気楽に引っ越せていいですけど、うちはここでいっしょうけんめい生活してるんですから。」
生活してる、を言い終わる前に、窓をピシッと締められてしまった。
このようなことは、みんなこの文章を書き始めてから、3ヶ月間の出来事である。
新興住宅地であるこのアパートの周囲は、どの家もギスギスした音を軋ませながら生活しているように見える。私の仕事場の上の2階で、子供がドタバタしたり走り廻って騒ぐ声は、生活の音としてむしろほっとした気持ちにさせてくれる。
今でも未完成の町のままで、未だ共同体になりきれず、住人にとっても故郷になりきれないでいる新興住宅地なのである。軋む音を響かせながら新しい故郷は、古い村や町が持つしきたりの人間的な厳しさと優しさを、どのように育てていくのだろう。
写真を撮っている間も、知り合った団地の人たちから、子供の教育に対する心配事をよく聞いた。もっともと思う話もあれば、問題点が少しずれているのではと感じる話もあった。新興住宅地の家庭での子供への教育熱心さは、どうしても私の心にひっかかるものがあった。
学校の先生はそのことを毎日見ているのだろう。船橋と隣接した市で、それぞれ人口急増地域の中学校の先生をしている人たちに話を聞いた。

中学校の教師になって、今年で13年目かな。
10年くらい前までは、学校で団地やマンションの新住民と、元から住んで東京湾の漁業やってた旧住民の力関係が半々みたいな感じだったのね。その後は、1年、2年っていうすごく早い速度で、どんどん新住民が増えてきたの。
でも、まだ埋立て地には、マンションがポツンポツンってくらいでしたね、その

10年前頃は。
ここは、もともと1校しか中学がなかったの。それが、次々に分かれて、今は4校になったわけ。
急速に埋立て地がうまってきて、団地やマンションがいっぱい建って、どんどん人口が増えてきたのは、この5、6年だから。
引っ越してきた新住民の子供たちが、旧住民の子たちを見る目っていうのは、下品で乱暴で貧乏でっていう見方で、親たちの考え方が子供たちに反映しているんじゃないの。金銭的なことでは必ずしも貧乏とは言えないけど、確かに教育程度は低いよね。教育に対する考え方はかなり低くて、漁師の家が多い所だったから、自然に依存して生きていくみたいにね。
だから、ある程度教育のある親たちから見れば、
「なによ、あの下品なの。」
そういう、単純すぎる言い方になるわけ。で、子供たちもそういう風に見るようになるわけ。
それでね、もう8年前になるかな、面白いことがあったの。うちのクラスの子で、顔が黒くて粗野な子で、あまり上品じゃない乱暴な子がいたの。その子に、クラブの時間か何かの時、
「君ん家、おじいちゃんどこに住んでるの。」
って聞いたら、どこか違うところに居るみたいなこと言うわけ。それで、
「へえ、君は土地っ子でなかったの。」って言ったら、
「先生ふざけないでくれよ。僕はこんな所じゃないよ、東京生まれだよ。」って言うわけ。
その言葉の中に、ここの子供たちと一緒にされたらかなわないみたいな、貶んだ気持がすごくあるのを感じたの。ああそうか、子供の中の意識としては、自分はこんな所の土着じゃないみたいな、変な一種のプライドがあるのにびっくりしたの。
今はもう8割以上が新住民でね。だから、学校の雰囲気としては、ここの子はほとんど見えなくなって、新住民の学校って感じね。
だけど、旧住民はいろんな意味での財産を持ってるんだよね。たとえば、土地を持ってるとか漁業権を持ってるとか、それから、ここで商売してるから何も学歴にたよる必要がないわけ。だから当然、学業に対する関心が低くなるんだよね、それでも生きていけるから。漁業すればなんとかなるっていうのが、親にも子供にもあったから。
それも、今では少し違ってきてんだけど、目の色変えて勉強する必要ないわけですよ。

今は、名前がアイウエオ順で学籍番号になってるんだけど。その当時はね、どこの町に住んでるかで、町内ごとの順に学籍番号決めてたの。たとえば、どこの町が一番で、その次がどこで、次がどこって、旧住民の古い町から順に席番決めたわけ。ま、市役所や学校の帳簿の整理の都合で、そうなったんだと思うんだけど。
その頃テストやると、席番が上の方が旧住民で下の方が新住民になるでしょう。そうすると席番の上と下で成績がまるっきり違うわけ、採点してると。上の方はバツばっかりで、20点や30点ばっかりなの。それで、後半からになると、新住民でしょう、急に点数あがるわけ。それで、もう点数つけるの嫌んなったの。それ、すごくよく覚えてる。もちろん個人差もあるけど、トータルで見るとそんな風に違ってましたね。
だけど、旧住民の子たちは生活に困らないから、将来のこと考えたって、これやってけば食べてけるっていう職業が元々あるから、ガツガツしてないわけ。で、成績にこだわらないから、ノビノビしててセコくないわけ、考えとか態度が。確かに、乱暴なんだけど情にもろいの。
騎馬戦をやるでしょう、体育祭で、そうすると昔は勇壮で面白かったわけ。ちょっとぐらい怪我しても、だから何だいってぐらいで、誰も文句言わなかったし堂々と戦ったの。それで、その戦いぶりがいいわけ、見てても。
私なんかも、本番の時はやらなかったけど、練習で人数足りないと出てって、面白いもんだから騎馬戦の上に乗るの。そうすると、今みたいに軟弱に、はち巻取れば勝ちってのじゃなくて、落っことすまでやるじゃない。で、一応私も女だから、寄るんじゃないとか言ってると、かかって来なかったもんね。生徒も照れるし、先生の権威もあったね。
ところが、騎馬戦における現在の我が校の実状はというと、
「始めっ。」
って、言うと逃げるの、パアーッて騎馬戦でみんな逃げるんだよ。で、それ追っかけるのは、実際に強いって子じゃないんだよ。普段どれぐらいの力関係かっていう生徒同士の問題と、バックにどういうのが付いてるかでやるわけ。だから、戦う前からもうはっきりわかってる、で、逃げるわけ。何ともだらしなくて、騎馬戦じゃないのあんなのは。
そのへんに彼らの利害とか考え方が、たぶん親の考え方だと思うんだけど、反映してると思うんだ。もし怪我でもしたら大変だってのもあるだろうしさ。
今は、団地やマンションの新住民の人口が、旧住民を圧倒して、みんな新住民の子みたいに同化してるね。それで、新と旧で対立することもなくなったね。旧住民の良さも悪さも特徴がなくなって、生徒の見分けがつかなくなってきた。

新住民、旧住民と言っても個人によってずいぶん違ってくるわけ。何年か前だけど、新住民で来た生徒の母親が、漁師町の銚子で育ってるの。銚子とここってよく似てるじゃない。
それで、そのお母さん言うわけ、
「ここの町は、文化都市だの何だの言ってるけど、あれは嘘だ。」って。
その人の住んでる所は埋め立ての地域で、分譲地なわけ。そういうところにいて、近所の子供たちがどんなにひどいか、モラルが無いか、自分の町を愛そうっていう気持ちのなさを嘆くの。
「なんていう、ひどいところなんだ。」
って。何故かというと、子供の自転車の置き方にしても、ゴミの捨て方でも、子供だけじゃなくて親もそうだって。それで、もし注意すれば、何よ、あのおばさんはって、家族中で言うって。
そんなことしてて、いい町ができるわけがないって。
今、新興住宅地の住民が中心の町になって一番変わったのは、自分たちの町とか故郷とか、この町を何とか作っていきたいと思う意識がなくなったこと。自分の住んでいるテリトリーさえ守って10年とか20年とかの住んでる間だけ、うまくいけばいいって考え方じゃない。ところが、旧住民はそうじゃないよね、代々ここに住んでるし、これからもここに住むんだろうと思ってるから。
生活の豊かさって言うのは、何を基準にするかで違ってくるけど、かなり俗っぽく言えば、旧住民より新住民の方が豊かに見えるけどね、彼らもそう信じ込んでるけど、私はそうは思わない。旧住民の方がずっと豊かだと思う。何も人に尻叩かれてガツガツ勉強する必要ないんだもん、そんなに豊かなことってないと思う。新興住宅地に住む多くの人たちは、勉強して少しでもいい大学に入って、少しでもいい企業に入って、で、そうしないと生きていけないみたいに思って。
それは、子供たちの価値観にも反映していて、子供は親の生き方を見ているわけでしょう。
ところが、今の教育の秤は何てったって点数がとれるかどうかでしょう。思考能力うんぬんじゃなくて、記憶力がどの程度あるかっていうことだけしかないの。それで、その秤も1個しかなくて、多様な秤がないもんだから画一的なんだよね、価値観が。
子供たちは、そのことよく知ってるわけ、そんな秤で計られているのを。じゃあ、自分はどうしたら幸福になれるかって、それは子供だって誰だって考えるじゃない。嫌いだけど、がんばっていい点数とるとするでしょう、それでいい大学行けていい就職したと仮定すると、どれくらい稼げるかって計算するじゃない。

そうすると、何十年も働いて、やっと買えるのがこの程度の四角いスペース。
したら、何のためにこんなに辛い思いして勉強しなくちゃいけないのかなってなるの。それなら何も辛い思いしなくたって、今、楽しい方がいいじゃない。だって、今いくらがんばったって、結局はあの程度なんだって。
去年、弁論大会で面白い意見があったの。
だったら、僕は三流でいいっていうの。ものすごくがんばったって一流の人間になれない。一流ってどういうことかっていうと、それなんですよ。いい大学出ていい就職して、これが一流っていうとらえ方なの。何故かっていうと、秤がひとつだから、これが一流なわけ。
子供たちはよくわかってるの。
一元的な秤でしか自分は見られていないっていうのを。秤は何かっていうと点数でしょ、点数がとれなければもう一流になれないわけよ。絵がうまく描けようが、動物を愛そうが、車のことたくさん知ってても何の役にもたたないの。もう、単純なわけ、点数がとれないっていうのは。だったら苦労してまで一流になんかならなくていいっていうの。
そこまで考えられるこの子は、えらいと思った。いい意見じゃないけど、そこまで考えること出来ない子がたくさんいるわけでしょ。
三流でいいって決めて、自分のものを何か早く見つけた子の方が強いと思うもん。
女子の下駄箱の靴の中に、血で書いた手紙が入ってたの。
それで、内容が血で書いてあるんだけど、
「受験に失敗しろ。」
みたいなことが。
受験間際のことで、担任もその子の親も心配して。初めは、嫌がらせされた子と親だけを学校に呼んで話したんだけど、浮かんだのが高級マンションの女の子だったの。
少し前まで、同じ塾に行ったりして仲良かったんだけど、喧嘩になったらしくて、
「やったとすると、多分あの子だと思う。」
嫌がらせされた子が言ったの。
その子、少し問題のある子だったの、学校での態度もおかしいし。
それでちょっと呼んで、こういう事件があったんだけど、何か心当たりはないかって聞いてみたの。
そしたら、
「私じゃない。」
って言うし。

見たわけでもないから、それ以上言わずに帰したんです。ところが、それを聞いたお母さんが怒って学校に来て。もう、最初っから逆上して、
「うちの子を犯人あつかいした。」
とか言って。
それで、経緯を説明して、もしかと思って聞いたということを説明したんですけど、そのお母さん納得しないんです。仕方なくて、母親同士呼んで話すことになったんですけど、そうしたら、その席でますます逆上してきて、
「お宅なんか賃貸に住んでるくせに、偉そうなこと言うな。」
とか、いきなり言いだして。
そんなんで収拾つかなくなって、でも先生も何人か立ち合ってたから、
「ま、冷静に。」
とかってことで、解決しないまま終わったんです。それまでに、3回もあったんですけど、それからは嫌がらせの手紙も入らなくなったんです。
それより前のことだけど、文化祭の出し物練習するんで、子供たち夜遅くまで活動するようになったんです。夜8時以後は集まらないように指示してたけど、集まると夜遅くまで1人の子の家に押しかけることになるし、あんまり遅くなると親も心配するし、練習の間担任が付き添ってたの。
その時、その女の子が8時過ぎても家に帰りたくなさそうにするんで、どうしたのか聞いてもはっきりしないんです。変だなあって思って、その子の家まで付いて送って行ったの、そしたら、そのお母さん、ドアをノックしてもピンポン鳴らしても、ドア開けてくれないんです。仕方なくインターホンで、
「担任です。お願いします開けて下さい。」
って言って、やっとドアを開けてくれたんです。
それで母親が顔出すと、
「こんな夜遅くまで、だらしない。」
そう言って、凄く怒ったんです。
子供も、先生の前でいきなり怒られたのがショックで、自分の部屋に駆け込んじゃって。そしたら、話したいことがあるから中に入ってくれって言うんで、母親といろいろ話したんですけど。うちの子は、生活がだらしないとかを、いろんな実例あげて愚痴っぽく言うばかりなわけ。
そしたら、
「お母さんだってだらしないのに、そんなふうに人のこと言えないでしょ。」
女の子が、隣りの部屋からいきなり叫んで、
「何がだらしないの。」

って、お母さんもやり返して。
その子は戸を閉めて自分の部屋に閉じこもってるから、戸越しに顔も見ないで怒鳴り合うんです。
「お母さんだって、近所のお母さんと昼間っからお酒飲んでんじゃない、格好いいこと言ったって。夜だって遅くまで外で遊んで。偉そうなことばっかり言ってて。」
って、怒鳴り合って。
それ聞いてて、凄いマンションなんだなあって、その時思ったんです。
そのマンションはPTAとかでよく発言するお母さんの多い所なの。お母さんは、自治会とかPTAとか、それを隠れみのにしてるって、その子が言ってました。ちょっといい分譲マンションなんですよ、そこは。
賃貸のくせにって言ったあの言葉も、マンションのお母さんたちで話している時に、よく出る言葉なんでしょうね。普通では、賃貸の団地に生活してる人たちのこと、あんなに見下げた言葉で口から出ませんよね。
子供の教育は母親がほとんどで、父親が出てくるのは、子供が家出したとかシンナーで強制入院させるとか、そういう時でないと父親は出てこないですね。もう少し早目に、父親も子供と話してくれればと思うけど。
凄いですよ、シンナーで狂っちゃった子は。
放課後、親を呼んでその子と話したんです。だけど、ぜんぜん話にならなくて、母親だけじゃ手に負えないって、父親も呼んだんだけど。
職員室で話してても、子供は親を罵倒するのが平気で、
「てめえ、何だ。死ね。」
とか、
「格好いいこと言うな。」
とか、荒れ放題に荒れて。
それで、親ももう注意出来ないんですよ、子供に言われっ放しで。
結局、その子シンナーで病院に入院しましたけど。
シンナーやってると内臓はやられるし、骨が細くなって、歯なんかボロボロになるんです。

毎年、子供たちが卒業する時に、美術の先生が絵の課題出すんですよ。10年後のあなたの姿を描きなさいっていうのを。
そうすると、成績が良くて親がエリートの会社にいると思われる子に限って、ネクタイして電車の吊り革に、疲れた顔してぶらさがってる絵を描くの。初めてそ

れを見たときには驚いちゃったもん、これが10年後の夢かよって。
それでね、私も同じことを1年生にやらせてみたの、10年後20年後50年後って。そしたら、男の子の半分はなんと、10年か20年後かに武器を持って戦争してるの。そして女の子はね、私腹立ったんだけど、みんな結婚してるの。それで、女が結婚したらもう人生終わっちゃうのかなって思って、その後は描けないの。しょうがないから、赤ちゃんが小さかったり大きくなったりするだけなの。私のクラスの8割の女の子が、それだね。自分の将来に結婚があってももちろんいいんだよ、あるんだけど、それ以外にも道があるって考える女の子はごく少ない。それで、私はまだ結婚してなくて珍しいタイプなわけ、だから、一女性として私を見た時に質問するんだよね。
草むしりかなんかやって、女の子と話してたりすると、
「先生、何で結婚しないんですか。」
「結婚しないと困るんじゃないですか。」
「将来、誰が先生の面倒見るの。」
って必ず聞いてくるの。
それで、そんなにブスでもないのに、何で結婚出来ないのかって。
普通だったら結婚出来るものが、しないんじゃなくて出来ないと思ってるわけ。それで、何か欠陥があるんだろう、その欠陥で思い当たるのは、顔がものすごく悪いか、よっぽど男運がないか、そういうことなわけよ。自分の意志は関係なくて、相手の男の評価なわけ。相手の評価によって、あんたはふるい落とされた、だから結婚出来ないってことになるわけ。
その時、私が質問してやるの。
「どうして結婚しなきゃいけないの。」
そう言うと、
「将来、歳とってから困るから。」
決まってそう言うから、
「あんた将来大人になって、お父さんやお母さんの面倒見る気あるの。」
って聞くと、
「ううん、ない。」
って言うの。
「だったら、子供いたって仕方ないじゃない。」
と、まずなるわけ。それで、
「相手がいないから。一緒に暮らしてもいいと思う相手がいれば一緒に暮らすけど、それが結婚という型になるかどうか、それはわからない。」

「へーえ。」
とか言ってるけど。
結婚式にお金かけるわけだよ。だって、それが目的で生きてるんだもん。結婚式が、一生に一度の自己表現になっちゃってる。これしか、自分を表現することないみないに。それが済んだら後は終わり。それ以外に、人生楽しいことないだろうっていうの子供たちも肌で感じてるから。
それと、ほとんどの子供が、ブルーカラーは、頭がないから身体を売って労働で稼がなきゃなんない、ああはなりたくないって言うの。頭脳労働というか、デスクに向かってやる仕事が価値があって、身体つかう仕事は貶むっていうのがあると思う。
それに、貧乏を怖がるね、貧乏は不幸だと思ってる、みんな。

新興住宅地にある中学校の先生たちに、何回も会って、この話を聞かせてもらった。そんなある時、駅前の焼き鳥屋で、1人の先生と酒を飲んでいると、向こうのカウンターで1人で酒を飲んでいた中年のサラリーマンが、
「ちょっとすみません、話に加わってもいいですか。」
と言って話の中に入ってきた。
その男の人は、いっしょに酒を飲んでいた先生が担任するクラスの生徒のお父さんで、聞こえてきた私たちの話に興味を持ったようだった。
話は、どうしても家庭のことと学校を切り離せないので、その間を行ったり来たりした。そうするうちに、話が新興住宅地のことになると、
「私は、大阪の出身なんですけど。」
そう言って、自分が住むマンションの話を始めた。
そのマンションは、ここからでも見える高層マンションで、大阪の建築家が設計して大阪に本社がある建築会社が工事をしたのだそうだ。そして、お父さんは、大阪の人の手によるマンションに住めて、今は故郷の大阪を離れているが、心に依りどころがあると言っていた。
「住んでても、家のいろんなところに故郷というか大阪の血を感じるんですわ。」
と、そのお父さんは言っていた。
転勤で、故郷の大阪を離れた自分たち家族の住むべき場所が、新興住宅地にしかないことを知り、心の依りどころと支えになるべき何かを求めて、家族が住める我が家を、広い新興住宅地から選別して捜したのだろう。
一緒に酒を飲みながら、このお父さんに、何かほっとするような父親像が映った。

団地の二段ベッド

〽うさぎ追いしかの山　こぶな釣りしかの川

この故郷イメージを持つ人たちの故郷は、しだいに失われている。
子供の時に、いつも見て大きく感じていた建物が、大人になってから記憶をたどって見直してみると普通の建物だったり、広いと思って歩いていた道が狭かったりする。
そのように、幼児体験の記憶に浸れる場が、今もある人は幸福なのだと思う。故郷イメージの故郷は、今ほとんど姿を変えてしまった。
団地住まいも2代目、という家族がふえている。団地の中は、今も昔と少しも変わっていない。このことは、団地生活の2代目の人たちからよく聞いた。
公団の敷地の外は、30年も過ぎるとずいぶん変化しているのに、団地の中は、全く変わっていないのである。田舎も都会もめまぐるしく変化する日本で、これは珍しいことなのだ。時代に取り残された気持ちで、そのことを受け止める二代目がいると、反対に懐かしむ人たちもいる。
団地に育ったことに好感を持っている人は、団地が、何十年も変わらないことを快く思っているようだ。
敗戦後、日本の国土復興開発と産業復興政策の根底になる大都市への労働力集中のための団地の発想は、30年を過ぎて、団地建設用地買収の限界にまで到達した。それと同時に団地建物の老朽化が言われるようになった。
「公団住宅30歳、きょう公団誕生日、砂漠もやがて緑に包まれたが、宿命？　賃貸の狭さ」
これは、昭和60年7月25日、読売新聞夕刊の見出しである。
3月26日、朝日新聞夕刊は、
「公団・住人、双方にお家の事情、老朽ウサギ小屋建て替え、再開発すればドル箱公団期待」
2つの新聞は、大きな紙面をさいている。公団発足30年を祝福する記事はまるで無くて、昭和30年代に建った団地はウサギ小屋と貶まれている。
この記事を読む限り、公団の団地建て替えキャンペーン記事としてしか読めない。
発足からの使命を限界まで推進してしまった、日本住宅公団と宅地開発公団は、昭和56年10月1日に衣替え合併して、住宅都市整備公団となった。その新しい公団の使命は、30年代に建った収容戸数の少ない団地を、収容能力のある高層団地に衣替えさえることのようだ。
団地望郷の思いを抱く団地2代目は、今までに故郷を次々と破壊された親たちと同じように、老朽化団地ということで、今やっと懐かしさを持てるようになった団地を、破壊されようとしている。
大浦章子さんは、昭和30年2月15日生まれで、3歳の時に北千住から横浜の小港団地に入居している。
成長とともに、同じ団地内で3回引っ越して、今も小港団地の３Ｋの家に生活する2代目である。団地の隣に米軍キャンプがあって、本牧埠頭にも近かったので、港町の気分にひたれるこの団地を気に入っているようだった。
入居以来、ここを出て生活したのは、仕事の都合で船橋に住んだ5年間だけで、1年前に結婚して再び小港団地に戻っている。

最初に入ったのが、2階の6畳一間とテーブル置けるスペースの台所１Ｋでした。
小港団地に来て、すぐ幼稚園に行くようになったんです。その頃、子供は私1人で、母はお腹が大きくて、それ妹です。
その当時は、緑が多かったんですね、いろんな遊びしましたよ、ほとんど外に出てて。レンゲが咲いて、それ編んで首飾りにしたり、冠にしたりとかよくやってましたね。春ですね。あとタンポポの綿フッと飛ばしたり。団地の木に登ったり。わりと牧歌的でしたよ、今思えば。
焼却炉ってあるでしょう、団地に。今は、ゴミ屋さんが集めに来るけれども、昔はでっかい焼却炉があって、あれでゴミ焼いてたんですよ。それで、泥を水で捏ねて固めて、入口のところに置いとくと熱で硬くなるんですよ。
それとか、スズメをつかまえようと頑張ったりね。トンボとかチョウチョとかもやってましたよ。団地の外側がすぐ海だったんですね。そこで、泳いだり、ハゼ釣りなんかしたんです。
棟の並びの間に公園があって、裏に給水塔の高いのがあんの、そこに入っちゃいけないんだけど、その入っちゃいけないところの金網越えて入って遊んだんですね。階段使ってかくれんぼしたり。自転車置き場が1階の脇にあってそこに隠れたりね。
それから、チ、ヨ、コ、レ、エ、トとかあるでしょう。階段5階まで上がっても声はしっかり通りますからね。
小学校あがったくらいから、今度は1階に住んだの。そこは、2間で6畳と4畳半と、テーブルが置けて茶ダンスも置けるくらいの台所のある、２ＤＫに越したんです。何歳の時かよくわかりませんけど、小学校入った時あたりかな、ここから小学校通ってたと思います。
子供が大きくなったので2段ベッド置きましてね。6畳は茶の間みたいになってて、4畳半に2段ベッド置いて、おばあちゃんが2段ベッドの脇に寝て、両親が6畳に布団敷いて。
私が6歳の時、おじいちゃんが亡くなったんで、その後おばあちゃん、家に来たんです。母は1人っ子だから。
２号棟の一間の家っていうのは、まわりも私と同じくらいの小さい子供が多かったんですよ。それが、７号棟の2間に来たら、私より少し歳が大きいんですよ。それで、前の家が私より2つ上の人と、もう少し上のお姉さんといたんですね。
毎朝、そのお姉さんの友だちが迎えに来て、
「や、ま、も、と、さ、ん。」
って、声が聞こえると、あっ、何時だ、急がなくちゃとかやってました。
1階なんで、よくベランダから出入りしてましたね。小さくても下から登れちゃうんですよ。夏なんかよくやってました。
ベランダの下に、友だちと共同で猫飼ったり、家の中で飼っちゃいけないから。野良猫が子供生むでしょう、そうすると、家からミルク持ってきたり、食べ物持っていって猫育てたりして。
夏休みなんんか、毎日猫の面倒見に行って、箱とかボロ布持ってきて。でもその頃、男の子たちってもっとハードな遊びだったみたいですけど。
団地の道がコンクリートなの。そこにロオ石で絵描いて陣取りゲームみたいな遊びもやりました。
団地の前に大きい道路があって、渡ると町があるんですね、本牧の商店街とかもあって。でも、そっちの方へはあんまり行かしてもらえなかったの、というか道を渡るのが危ないっていうんで。
そこはアメリカ軍のＰＸがあって、米軍のスーパーみたいなもんですね。この道沿いに駄菓子屋さんがあるんですよ。それが、やってるの日本人なんだけど、中に置いてる10円20円のオモチャがみんな英語で書いてあんの。パッケージがあって変な物一杯あってね、サングラスとかね。だから、ここはよく行きましたよ。買えなくても見に行くの、きれいな人形とか珍しい物一杯あってね。
日本のお菓子もちゃんと売ってんですよ、ビスケットとかキャラメルとか。でも、その奥が外国の物になってて、外人とかが子供連れでオモチャ買いに来たり。ク

リスマスの飾りつけやギフトの物とか、そういうの一杯あるんですよ。
駄菓子屋っていうと、おばあちゃんが座って小さい店で、何か物がぶらさがってという感じでしょう。でも、そこは今考えると広かったんですね、けっこう奥深くて。で、店の中に通路が3つぐらいあって、中でけっこう遊べたから。外人の大人もよく来てたの。ゲームとかトランプとか、大人がやるような物も売ってたんじゃないかな。それは棚の上の方で、下の方は子供向けの物があって。それ、ちょっと特別な遊びでしたね。
今年は、うちが階段当番っていって、回覧板まわしたり集金したり、そういうのやるんですよ。会合とかもあるんですよ。防災訓練から運動会、カラオケ大会とか老人の日は老人の何かやったりするんですよ。
ちょっと面倒臭いですけど、今でも団地の自治会って昔と同じように、そういうのやってるわけですよ。
自分はどんどん変わるでしょう、だけど団地っていうのは変わらないんですよ。団地で見てる物ってのは、30年過ぎても、まったくそのままあるわけ。だけど、中にいる人は変わっていきますよね。
そうすると、うちの親が昔やってたようなことを、私たちの世代がまたくり返してるでしょう。それ面白いんですよね。団地で生まれた新しい世代が、また子供つくって同じことくり返すんですね。前の世代とやってることはほとんど同じっていうの、それくり返してるでしょう。
団地の自治会のやり方みたいなものでも、ちょっとは今っぽくなってるかなっていうと、運動会なんか本当に昔と同じなんですね。運動会の最後に、号棟対抗リレーやるんですよ、棟ごとの代表が出てね。それが、昔はうちの母が出てて、今年はうちの旦那が出てね、何かそのへん面白いというかおかしいの。
同じことくり返してんですよ、それも。
夏の夜は、大っきなスクリーン持ってきて映画会やりましたね。漫画映画の「わんわん忠臣蔵」や小林桂樹の山下清の映画、ゴザみたいの持って敷いて見るの。風が吹くとフワーッてスクリーンが揺れたりして。
それと、朝6時半にラジオ体操、カード持ってね。
海っぺたでビアガーデンてのもやりました。ハワイアンバンドとか出て、ヤキ鳥焼いたりして。
盆踊りは、ＰＸで日米親善っていうんで、外人もゆかた着て、米軍の将校の人と町会長さんが壇上で椅子に座って、外人も日本人も一緒にやりましたよ。
４号棟の中に歯医者さんのお家があったの。

そこ、子供が3人いて、お母さん歯医者さんで、３Ｋの部屋に歯医者の椅子とか置いてやってたの。それで、そこんち行くと歯医者の家なんですよね。で、今考えると、子供3人いて、5人で生活してたんでしょう。ちゃんと部屋の真ん中に歯医者さんの設備があって、それでどうやって寝たんだろうなあ、あれは。不思議だなあって思いましたよ。
団地の子、皆そこ行ってたんじゃないかなあ。
あと、部屋ん中で英語とかピアノとかの先生もいたの。
ピアノの先生のお家がね、上品な感じで部屋の中が。うちは下町だったから、部屋が下町っぽい感じになるじゃない。だけど、先生の所は上品な感じでね、子供心にそう思った。間取りはいっしょなのに、何でこんなに違うのかなってよく思いましたよ。
カギっ子っていましたね。
私も一時悩んだことありましたもん。私もカギっ子なのかなあ、可哀想な子なんじゃないかしらなんて。小学校の終わり頃、新聞やテレビで暗い感じでしたもん。カギっ子って、子供にしてみれば誇りでもあり、コンプレックスでもあったんですよ。昔は、子供ってカギ自分で持ってなかったでしょう。首からカギ下げて、わりとああいうの自慢だったんですよ、流行だったし。
団地だと、ベランダに上の家の洗濯物や布団が落ちてくるとかよくありますよ。それで、上のおばさんが取りに来て、
「ごめんなさい、うちの布団落ちてない。」とかね。
うちの団地で一番いいのは海っぺたですね。
海っぺたの棟の上の方だと港が見えて、風の向きで海が匂ってくるんです。お正月に、船のボーッっていうの聞こえたりして。
台風になると、波が防波堤越えてバシャアンってくるんですよ。それ面白くて、合羽着てわざわざ濡れに行ったりしましたよ。大はしゃぎでギャーギャー言って、親はいやがるんですけどね。
棟が違っても、学校が一緒だったり、同じ歳の子との方が、家を行ったり来たりして遊んで、仲良かったですね。それ2人いて、ヤス子ちゃんて子とヒトミちゃんていう子がいて、3人仲良しでした。
同じ階段だと、歳が近ければ遊ぶけど、家の前のお姉さんのところにちょっとおすましして遊びに行ったりしたけど、バタバタとは行かなかったですね。子供の集まる家は凄いの、夏なんか戸開けっぱなしで、子供の靴が玄関の外まではみ出しちゃって。

本牧埠頭、昔はなくて海だったんです。
団地は30年前といっしょで、周囲は全部変わっちゃったんです。
ヒッチコックの「裏窓」って映画ありましたよね。あれは、ジェームズ・スチュアートが窓から向かいのマンション見てると、それぞれの窓にいろんな人生があって、それ毎日見てるでしょう。そういう感じ、団地にすごくあるんですよ。
棟と棟が近いでしょう、階段の踊り場から向かいの窓が見えるわけ。
ああ、あそこの家起きてるとか何とかね。
日曜日の夕方なんか、家族でテレビ見ながら御飯食べてるとか見えると、私なんか小さい時からその家族も知ってるわけでしょう。
２ＤＫの家でうちよりももっと年上の夫婦がいて、小学校か中学校の子がいて住んでるわけ。そうすると、どういう風に間取り使って住んでるのかなあって凄い興味はある。私もやっぱり我が家がそうだったから、家みたいにやってんのかなあとかね。もっと広い所住みたいと思ってるだろうなって。
夕方になると、窓とかポッポッポッとか電気が灯って、あれ懐かしいなとかありますよね。私、昼より夜の方が気持ちとして懐かしくなるみたいなところありますよ。電気とか、人がいるのわかるでしょう、そこに住んでいるというのわかるから。
3回も引っ越してると、一番最初に住んでたところって、もう知り合いとか全然いないから、行ったことないですけどね、行ってみたいって気持ちありますよ。
どんな所に私たちいたのかなあっていうのが。
きっと、若い夫婦がいるんだと思うんだけどなあ。
でも、高校ぐらいから団地っていやだった。2年になって受験の頃かしらねえ、もう二段ベッドはいやだっていうのありましたよ。
４号棟にね、学校が一緒だった女の子の家があったの。1つ上だったけど、そこは娘さんが全部お嫁に出ちゃって、お母さん今は1人で住んでるんですよ、お父さんも亡くなって。
それで、こないだね私が車運転してたの。そしたら、こっち見る人がいるのね。
うちの旦那が、
「あのおばさん、防災訓練で一緒だったおばさんだ。」って言うの。
そしたら、そのお母さんだったの。
「あっ、今日は。」
なんて言ったら、
「あら、今日は。」って。

それで、今、結婚してまたここに住んでんですよ、なんて言ったのね。
そしたら、
「そうなの、赤ちゃんとか出来たら私が見てあげるから。だから遊びに来てね。」
とか言ってくれて、そお、お、お、お、かあなんて私思ってね。
うちのお母さんと同じ歳くらいじゃないかな。
娘さん遊びに来るんでしょうけど、知ってる人が皆年寄りになっちゃって誰々のお母さんお父さんとかって。で、子供だった人たちは、出ちゃってあんまりいないのね。
思えば、会わないですもん。
親たちはけっこう残ってるんですよ、だけどうちは逆で親が出て子が残ったんですけど。
すごい素敵なお母さんでね。こっちは老けたなあとか思ったんだけど、むこうだって、大きくなってとか思ってんでしょうね。そういうの、何か不思議な気持ちになるのね。

北井一夫プロフィール

1944年　中国鞍山市に生まれる
1965年　日本大学芸術学部中退
　　　　写真集『抵抗』未来社
1971年　写真集『三里塚』のら社
1972年　日本写真協会新人賞を「三里塚」で受賞
　　　　アサヒグラフ連載「沖縄放浪」「フランス放浪」
1974年　アサヒカメラ連載「村へ」「そして村へ」
～77年　第1回木村伊兵衛賞を「村へ」で受賞
　　　　写真集『村へ』朝日新聞社
　　　　写真集『渡し船』角川書店
1978年　写真展「村へ」ツァイフォトサロン
　　　　写真集『ロザムンデ』習志野市役所
1979年　写真集『境川の人々』浦安市役所
　　　　アサヒカメラ連載「ドイツ表現派の旅」
1980年　写真集『村へ』淡交社
1981年　写真集『新世界物語』長征社
1982年　写真集『北越雪譜の世界』角川書店
　　　　写真集『英雄伝説アントニオ猪木』柴田書店
1987年　写真集『信濃遊行』ぎょうせい
　　　　写真展「フナバシストーリー」船橋市役所
1989年　写真集『フナバシストーリー』六興出版
1990年　写真集『いつか見た風景』蒼穹舎
　　　　写真展「いつか見た風景」イルテンポ
1992年　写真集『自然流日本酒読本』共著　農文協
　　　　写真展「新鳥獣戯画」イルテンポ
1994年　写真集『おてんき』宝島社
　　　　写真展「おてんき」イルテンポ
1995年　朝日新聞連載「鳥虫戯画」
1996年　ＮＨＫ番組「中国の素顔を撮る」
1972年　写真展「フランス放浪」アートスペースモーター
　　　　写真展「鳥虫戯画」イルテンポ
1997年　写真展「北京」イルテンポ
1999年　写真展「三里塚」イルテンポ
　　　　写真展「湯治場」ツァイフォトサロン
2000年　写真集『三里塚』ワイズ出版
2001年　写真集『1970年代NIPPO』冬青社
2001年　写真集『1990年代北京』冬青社
2004年　写真展 タイムトンネルシリーズ「時代と写真のカタチ展」ガーディアンガーデン・
　　　　　　　　クリエーションギャラリー
2005年～日本カメラで連載「ライカで散歩」
2005年　写真展「ツバキと電線」ギャラリー冬青
2006年　写真展「80′フナバシストーリー」ギャラリー冬青
2006年　写真集『80年代フナバシストーリー』冬青社
2006年　写真展「村へ」東京国立近代美術館

作品収蔵　船橋市役所
　　　　　東京都写真美術館
　　　　　宮城県立美術館
　　　　　東京国立近代美術館

80年代フナバシストーリー

2006年 10月01日 第1刷 印刷
2006年 10月20日 第1刷 発行

著 者 北井一夫
装 幀 中野多恵子
A D 杉山幸次

発行者 高橋国博
発行所 株式会社冬青社
〒164-0011 東京都中野区中央5-18-20
TEL03-3380-7123 FAX03-3380-7121
振替 東京3-135161

印刷・製本 凸版印刷株式会社
Printed trade 猪野直貴

ISBN4-88773-054-3 C0072

価格はカバーに表示してあります。落丁・乱丁本誌お取り替え致します。